THE ORATORY

Spanish

AWARDED TO

Katie Stewart

Form: U6 Date: 28 June 2025

Head Master

72 leyendas del Real Madrid

72 Leyendas del Real Madrid

Miguel Ángel Segura

Grupo Editorial Segura
www.grupoeditorialsegura.com

Primera edición: Marzo 2024.

ISBN: 978-84-128108-3-7
www.grupoeditorialsegura.com
Maquetación: ©Grupo Editorial Segura.
Diseño de cubierta: ©Grupo Editorial Segura

Historia del Real Madrid

Los Inicios y la Fundación

La historia del Real Madrid Club de Fútbol comienza a principios del siglo XX, más precisamente en 1902, cuando un grupo de aficionados al fútbol liderado por Julián Palacios y los hermanos Juan y Carlos Padrós decidió fundar un club dedicado exclusivamente a este deporte en Madrid. El 6 de marzo de ese mismo año, el Madrid Foot-Ball Club nació oficialmente, sentando las bases de lo que se convertiría en una de las instituciones futbolísticas más laureadas del mundo.

Desde sus primeros días, el club demostró una ambición que reflejaba la pasión y el compromiso de sus fundadores y seguidores. A pesar de las modestas instalaciones y recursos con los que contaban, se dedicaron a promover el fútbol y a competir con la determinación de ser los mejores.

Los Primeros Éxitos y la Consolidación

El Real Madrid no tardó en hacerse notar en el panorama futbolístico español. En 1905, apenas tres años después de su fundación, el club ganó su primer título al coronarse campeón de la Copa del Rey, un triunfo que sería el inicio de una era dorada en los primeros años del fútbol español. Este éxito fue seguido por otras victorias en la Copa del Rey en 1906, 1907, y 1908, demostrando la creciente dominancia del club en el fútbol nacional.

Estos primeros logros no solo consolidaron al Real Madrid como un contendiente serio en el ámbito deportivo, sino que también ayudaron a fomentar una identidad de club basada en la excelencia, la competencia y un incipiente sentido de grandeza. En estos años formativos, se sentaron las bases de lo que sería la filosofía del club: una búsqueda constante de éxito y perfección.

El Reconocimiento Real y la Expansión

El año 1920 marcó un hito importante en la historia del club cuando el rey Alfonso XIII le otorgó el título de "Real" (Real Madrid). Este reconocimiento no solo fue un honor, sino que también reforzó la posición del club en la sociedad española, atrayendo a más seguidores y aumentando su influencia.

La década de 1920 también vio la construcción del primer gran estadio del club, el Campo de Chamartín, inaugurado en 1924. Este nuevo hogar simbolizó la ambición del Real Madrid de crecer y competir a un nivel aún mayor, facilitando el acceso a mayores audiencias y generando más recursos para el club.

Retos y Superación

A pesar de los éxitos iniciales, el Real Madrid enfrentó varios desafíos en los años siguientes, incluidas dificultades económicas y la interrupción causada por la Guerra Civil Española (1936-1939). Sin embargo, estos obstáculos solo sirvieron para fortalecer el carácter y la resiliencia del club. Durante estos años difíciles, la pasión y el compromiso de la afición madridista se mantuvieron inquebrantables, apoyando al equipo a través de sus pruebas y tribulaciones.

Fundación de la Liga y el Resurgimiento

El final de la Guerra Civil y la fundación de la Primera División de la Liga Española en 1929 abrieron un nuevo capítulo para el fútbol español y para el Real Madrid. Aunque el club tardó en adaptarse a la nueva era, finalmente encontró su ritmo y comenzó a acumular éxitos en la competición liguera. La década de 1940 fue testigo de la consolidación del Real Madrid como una fuerza dominante en el fútbol español, culminando con la conquista de la Liga en la temporada 1953-1954.

Este periodo sentó las bases para lo que sería el ascenso a la gloria del Real Madrid en las décadas siguientes, marcando el inicio de una era de éxito sin precedentes en el fútbol nacional e internacional. La historia del Real Madrid es un relato de pasión, determinación y excelencia, cualidades que continuarían definiendo al club en los años venideros.

La Construcción de un Imperio (1950s-1960s)

El final de la década de 1950 marcó el comienzo de lo que sería la primera "Era Dorada" del Real Madrid, impulsada por visionarios como Santiago Bernabéu, presidente del club, quien desempeñó un papel crucial en la transformación del equipo en una superpotencia del fútbol mundial. La política de fichajes de Bernabéu, centrada en traer a los mejores talentos de todo el mundo, cambió el destino del club para siempre.

La Llegada de Di Stéfano

Una de las piedras angulares de esta transformación fue la adquisición de Alfredo Di Stéfano en 1953. El argentino, que se convertiría en una de las figuras más emblemáticas del club, aportó una nueva dimensión al juego del Real Madrid. Junto a él, llegaron otros talentos internacionales como Ferenc Puskás, Raymond Kopa, y Francisco Gento, formando un equipo que dominaría el fútbol europeo en los años venideros.

La Conquista de Europa

El Real Madrid se embarcó en una racha sin precedentes de victorias en la recién creada Copa de Europa, ganando el torneo cinco veces consecutivas desde su inicio en 1956 hasta 1960. Este logro no solo estableció al club como una fuerza dominante en el fútbol europeo, sino que también puso al fútbol español en el mapa mundial. La victoria por 7-3 contra el Eintracht Frankfurt en la final de 1960 es particularmente recordada como uno de los partidos más espectaculares de todos los tiempos.

La Consolidación de un Legado

La década de 1960 vio cómo el Real Madrid continuaba su dominio tanto en la liga española como en Europa, aunque con una competencia cada vez más feroz. A pesar de los desafíos, el club logró su sexta Copa de Europa en 1966, un testimonio del talento y la resiliencia del equipo.

Durante este periodo, el Real Madrid también se enfocó en el desarrollo de talento local a través de su cantera, con jugadores como Paco Gento y Manolo Sanchís emergiendo como figuras clave del equipo. Esta mezcla de talento internacional y local sería una característica distintiva de la estrategia del club en las décadas siguientes.

Más que un Club

Bajo la presidencia de Santiago Bernabéu, el Real Madrid no solo se convirtió en un gigante deportivo sino también en un club con una fuerte identidad y valores. El estadio Santiago Bernabéu, inaugurado en 1947 y más tarde rebautizado en su honor, se convirtió en el símbolo de estos logros y ambiciones.

El club también se convirtió en un pionero en aspectos fuera del campo, incluyendo la promoción de su marca a nivel internacional y el desarrollo de infraestructuras deportivas de primer nivel. Estas iniciativas ayudaron a asegurar la sostenibilidad financiera del club y a fortalecer su posición como una de las instituciones deportivas más reconocidas y valoradas en el mundo.

Desafíos y Superación

A pesar de los éxitos, el Real Madrid enfrentó varios desafíos durante la década de 1960, incluidas dificultades económicas y la necesidad de renovar un equipo que envejecía. Sin embargo, estos desafíos se enfrentaron con la misma determinación y visión que caracterizaron al club desde sus inicios. La capacidad del Real Madrid para adaptarse y evolucionar ante las adversidades sentó las bases para futuras generaciones de éxito.

Reinventando la Grandeza

A medida que el Real Madrid entraba en las décadas de 1970 y 1980, el club enfrentaba el desafío de renovar su plantilla y adaptarse a los cambios en el fútbol mundial. Estos años serían un período de transición, marcado tanto por la búsqueda de nueva gloria como por la necesidad de consolidar la identidad y los valores del club.

Nuevas Estrellas en el Horizonte

La salida de figuras legendarias como Di Stéfano y Puskás dejó un vacío que necesitaba ser llenado. El club respondió incorporando a jugadores que se convertirían en nuevos héroes, como Santillana, Juanito, y Vicente del Bosque.

Estos jugadores, junto con el talento emergente de la cantera, como Emilio Butragueño y Michel, parte de la famosa "Quinta del Buitre", ayudaron a mantener al Real Madrid competitivo tanto en España como en Europa.

Logros en la Liga y en Europa

Durante las décadas de 1970 y 1980, el Real Madrid continuó su dominio en la liga española, ganando numerosos títulos de La Liga y Copas del Rey. Sin embargo, el éxito en Europa fue más esquivo durante este período, con el equipo alcanzando las finales de la Copa de Europa, pero sin lograr el trofeo. A pesar de estos desafíos, el club mantuvo su estatus como uno de los equipos de élite en el fútbol europeo.

Innovación y Modernización

La dirección del club, consciente de la evolución del fútbol como deporte global, emprendió importantes proyectos de modernización. Esto incluyó la renovación del Estadio Santiago Bernabéu para aumentar su capacidad y mejorar las instalaciones, asegurando que el Real Madrid siguiera a la vanguardia en términos de infraestructura deportiva.

Además, el Real Madrid comenzó a explorar nuevas vías para aumentar sus ingresos, incluyendo derechos de televisión y mercadotecnia, sentando las bases para lo que eventualmente se convertiría en una economía de fútbol globalizada.

Cultura y Valores

Bajo la sombra de Santiago Bernabéu, quien falleció en 1978, el club continuó promoviendo los valores de excelencia, compromiso y deportividad. La identidad del Real Madrid, cimentada en su rica historia y tradiciones, siguió siendo una parte integral de su filosofía, incluso mientras se adaptaba a las nuevas realidades del fútbol moderno.

La formación y desarrollo de jugadores jóvenes a través de la cantera también se mantuvo como un pilar fundamental, asegurando que el legado del club continuara creciendo con cada nueva generación de talentos.

Desafíos y Resiliencia

A pesar de enfrentar períodos de incertidumbre y competencia feroz, especialmente del FC Barcelona y otros clubes europeos emergentes, el Real Madrid demostró una notable resiliencia. La capacidad del club para reconstruirse, adaptarse y seguir compitiendo al más alto nivel habló de la profunda fortaleza institucional y del apoyo inquebrantable de sus aficionados.

Un Nuevo Milenio, Una Nueva Visión

Entrando en las últimas décadas del siglo XX y principios del XXI, el Real Madrid se embarcó en una de las etapas más audaces y glamorosas de su historia: la era de los Galácticos. Bajo la presidencia de Florentino Pérez, iniciada en el año 2000, el club adoptó una estrategia de fichajes centrada en traer a las mayores estrellas del fútbol mundial, con el objetivo no solo de dominar en el terreno de juego sino también de maximizar su impacto comercial y global.

Los Galácticos

El término "Galácticos" se acuñó para describir la política de fichajes de superestrellas como Luis Figo, Zinedine Zidane, Ronaldo Nazário, y David Beckham, entre otros. Estos jugadores, junto con talentos ya establecidos en el club como Raúl González e Iker Casillas, formaron equipos de ensueño que capturaron la imaginación de aficionados en todo el mundo.

Éxitos y Desafíos

La era de los Galácticos trajo consigo éxito, incluyendo Ligas de La Liga y victorias en la Liga de Campeones de la UEFA, como la memorable novena Copa de Europa en 2002, ganada con un icónico gol de volea de Zidane en la final. Sin embargo, este período también estuvo marcado por altibajos, incluyendo temporadas sin títulos y críticas por descuidar el equilibrio del equipo en favor del poder estelar.

Modernización y Globalización

Además de su estrategia de fichajes, el Real Madrid también se enfocó en expandir su marca a nivel mundial. Esto incluyó giras internacionales, acuerdos de patrocinio de alto perfil, y el uso de tecnología y redes sociales para llegar a una audiencia global. Como resultado, el Real Madrid se consolidó no solo como un club de fútbol, sino como una marca global líder.

La Importancia de la Cantera

A pesar del enfoque en las superestrellas, el Real Madrid continuó desarrollando talento a través de su cantera, La Fábrica. Jugadores como Guti, Iker Casillas, y más tarde Sergio Ramos, quien se unió al club procedente del Sevilla en 2005, demostraron la importancia de mezclar talento local con estrellas internacionales.

Transición hacia una Nueva Era

A medida que avanzaba la década de 2000, el Real Madrid comenzó a transitar hacia una nueva fase bajo la dirección de Florentino Pérez, quien regresó a la presidencia en 2009. Esta nueva etapa se caracterizaría por un enfoque más equilibrado en la construcción del equipo, manteniendo la estrategia de fichar jugadores de renombre, como Cristiano Ronaldo, pero con una mayor atención en construir un equipo cohesivo y competitivo.

Consolidación de una Dinastía

El inicio de la década de 2010 marcó el comienzo de una era moderna para el Real Madrid, caracterizada por un éxito sin precedentes tanto a nivel nacional como internacional. Bajo la dirección de una serie de técnicos de renombre, como José Mourinho, Carlo Ancelotti, y Zinedine Zidane, el club logró un equilibrio entre estrellas globales y talentos emergentes, forjando equipos que dominaron en España y Europa.

Dominio en la Champions League

El hito más destacado de esta era fue, sin duda, la conquista de cuatro títulos de la Liga de Campeones de la UEFA en cinco años (2014, 2016, 2017, y 2018), un logro sin precedentes en el formato moderno del torneo. Bajo la tutela de Zidane, el Real Madrid demostró su maestría en el escenario europeo, consolidando su estatus como el club más laureado de la competición.

La Figura de Cristiano Ronaldo

Cristiano Ronaldo, quien se unió al club en 2009, emergió como una de las figuras más dominantes en la historia del fútbol, rompiendo récords y liderando al equipo con sus goles, asistencias y actuaciones decisivas. Junto a él, jugadores como Sergio Ramos, Luka Modrić, y Karim Benzema se convirtieron en los pilares sobre los cuales se construyó este éxito.

Innovación e Impacto Global

Paralelamente a sus triunfos deportivos, el Real Madrid continuó expandiendo su marca a nivel mundial, consolidándose como uno de los clubes más valiosos y reconocidos globalmente. La modernización del Estadio Santiago Bernabéu, iniciativas de sostenibilidad y responsabilidad social, y la expansión de su academia y proyectos de cantera, reflejan el compromiso del club con la innovación y el impacto positivo más allá del fútbol.

La Academia y la Cantera

La importancia de La Fábrica, la cantera del Real Madrid se mantuvo relevante, con la integración exitosa de jóvenes talentos al primer equipo. La filosofía de desarrollar jugadores desde las categorías inferiores continuó siendo un pilar fundamental, asegurando el futuro del club.

Desafíos y Resiliencia

Como cualquier institución de su envergadura, el Real Madrid enfrentó su cuota de desafíos, incluyendo la adaptación a las realidades del fútbol durante la pandemia de COVID-19. Sin embargo, el club demostró una vez más su capacidad de superación, adaptándose a las circunstancias y manteniendo su compromiso con la excelencia y la competencia al más alto nivel.

Mirando hacia el Futuro

A medida que el Real Madrid avanza en el siglo XXI, el legado del club continúa evolucionando. Con un enfoque en la excelencia deportiva, la innovación, y el compromiso social, el Real Madrid mira hacia el futuro, listo para enfrentar nuevos desafíos y celebrar más éxitos. La historia del club, rica en triunfos y superación, sigue siendo una inspiración para sus jugadores, aficionados y para el mundo del fútbol.

Cristiano Ronaldo: La Leyenda Viviente del Real Madrid

Orígenes e Inicios

Cristiano Ronaldo dos Santos Aveiro nació el 5 de febrero de 1985 en Funchal, Madeira, Portugal. Desde su infancia, mostró un talento y una dedicación excepcionales al fútbol, lo que lo llevó a unirse al Sporting de Lisboa a una edad temprana. Su progreso fue meteórico, y pronto llamó la atención de los principales clubes europeos.

La Llegada al Real Madrid

En el verano de 2009, Cristiano Ronaldo hizo el trascendental cambio al Real Madrid por un entonces récord mundial de transferencia de 94 millones de euros. Este fichaje no solo fue un testimonio de sus habilidades en el campo sino también una declaración de intenciones del club madridista, ansioso por regresar a la cima del fútbol europeo.

Éxitos y Récords

Durante su estancia en el Real Madrid, Cristiano se convirtió en el máximo goleador histórico del club, una hazaña impresionante dada la rica historia de la institución. Anotó 450 goles en 438 partidos, un promedio que parece casi irreal. Ganó 4 Balones de Oro mientras vestía la camiseta blanca, sumando a su colección personal que inició con su primer Balón de Oro ganado en 2008 cuando estaba en el Manchester United.

Su contribución al equipo fue monumental, liderando al Real Madrid a la conquista de 4 Ligas de Campeones de la UEFA en 5 años, un logro sin precedentes en la era moderna del fútbol. Además, Cristiano ayudó al equipo a ganar 2 títulos de La Liga, 2 Copas del Rey, 2 Supercopas de España, 3 Supercopas de la UEFA y 3 Mundiales de Clubes de la FIFA.

Momentos Emblemáticos

Uno de los momentos más emblemáticos de Cristiano con el Real Madrid fue su gol de chilena contra la Juventus en los cuartos de final de la Liga de Campeones 2017-2018, una obra de arte que recibió el aplauso incluso de los aficionados rivales. Además, sus numerosos hat-tricks y actuaciones decisivas en los momentos clave reforzaron su estatus como uno de los mejores jugadores del mundo.

Legado y Salida

Cristiano Ronaldo dejó el Real Madrid en 2018 para unirse

a la Juventus, pero su legado en el club es eterno. Cambió el curso de la historia del Real Madrid, elevando los estándares de lo que significa ser un profesional del fútbol y un atleta de élite. Su ética de trabajo, dedicación, y deseo incansable de mejorar han dejado una marca indeleble en el club y sus aficionados.

Más allá de sus logros en el campo, Cristiano se convirtió en un ícono global, impulsando la marca del Real Madrid a nuevas alturas y atrayendo a seguidores de todo el mundo. Su impacto trasciende los números y los títulos; Cristiano Ronaldo se ha convertido en sinónimo de excelencia en el fútbol, representando la ambición, la dedicación y el éxito que caracterizan al Real Madrid.

Cristiano Ronaldo no solo es un capítulo dorado en la historia del Real Madrid; es una leyenda viviente cuyo nombre resonará en los pasillos del Santiago Bernabéu por generaciones venideras. Su historia es una de superación, gloria y un legado que perdurará en el tiempo, inspirando a futuros talentos y aficionados del fútbol en todo el mundo.

Alfredo Di Stéfano: El Fundamento de la Grandeza del Real Madrid

Orígenes y Llegada a Madrid

Alfredo Di Stéfano Laulhé, nacido el 4 de julio de 1926 en Buenos Aires, Argentina, comenzó su carrera en el fútbol en River Plate, uno de los clubes más grandes de su país natal, antes de hacer historia en Europa. Tras un paso significativo por Millonarios de Colombia, Di Stéfano llegó al Real Madrid en 1953, en lo que se convertiría en uno de los fichajes más influyentes de la historia del fútbol.

El Impacto Inmediato

Desde su llegada, Di Stéfano transformó al Real Madrid, impulsando al equipo a alcanzar niveles de éxito hasta entonces inimaginables. Su estilo de juego, caracterizado por una mezcla única de técnica, visión de juego, y capacidad goleadora, lo estableció rápidamente como una de las grandes figuras del club y del fútbol mundial.

Liderando una Era Dorada

Bajo la influencia de Di Stéfano, el Real Madrid inició su

dominio tanto en España como en Europa. Ganó 8 títulos de La Liga y fue pieza clave en la conquista de las primeras cinco Copas de Europa consecutivas del club, desde 1956 hasta 1960. Su habilidad para jugar en casi cualquier posición en el campo y su liderazgo indiscutible lo convirtieron en el corazón y el alma del equipo.

Récords y Reconocimientos

Di Stéfano anotó 216 goles en 282 partidos de liga con el Real Madrid, una cifra impresionante que solo refleja una parte de su contribución al equipo. Fue galardonado con el Balón de Oro en 1957 y 1959, reconociendo su estatus como el mejor jugador del mundo. Su influencia fue tal que, en 1960, fue nombrado el mejor jugador de la Copa de Europa, a pesar de la creciente competencia de talentos en todo el continente.

Más Allá del Campo

Di Stéfano no solo dejó su huella en el campo. Su carácter, su ética de trabajo y su dedicación al fútbol inspiraron a generaciones de jugadores y aficionados. Fue un pionero, demostrando la importancia de la preparación física y la inteligencia táctica en el juego moderno.

Legado y Despedida

El legado de Alfredo Di Stéfano en el Real Madrid y en el fútbol mundial es inmenso. Cuando se retiró en 1964, dejó atrás una carrera llena de éxitos, pero más importante aún, estableció los cimientos sobre los cuales se construiría el mito del Real Madrid como el club más grande del mundo. Falleció el 7 de julio de 2014, pero su memoria y su impacto en el club y el deporte permanecen indelebles.

Alfredo Di Stéfano es, sin duda, una de las figuras más icónicas en la historia del Real Madrid. Su contribución trasciende los trofeos y los goles; transformó al club en una potencia global y sentó las bases de su filosofía de excelencia y ambición. Di Stéfano no solo fue un jugador extraordinario, sino el verdadero fundamento sobre el cual el Real Madrid construyó su leyenda.

Ferenc Puskás: El Cañoncito Pum y su Legado Inolvidable

Orígenes y Ascenso

Ferenc Puskás, nacido el 2 de abril de 1927 en Budapest, Hungría, es uno de los futbolistas más legendarios de todos los tiempos. Antes de unirse al Real Madrid, Puskás ya había dejado una huella imborrable en el fútbol húngaro, liderando al Honvéd y a la selección nacional húngara, conocida como el "Equipo de Oro", a grandes alturas en la década de 1950.

Llegada al Real Madrid

En 1958, Puskás se unió al Real Madrid a la edad de 31 años, una etapa en la que muchos considerarían que un futbolista está cerca del final de su carrera. Sin embargo, lo que siguió fue una extraordinaria segunda juventud, durante la cual Puskás demostró que su talento y su letalidad frente a la portería estaban más vivos que nunca.

Éxitos y Récords

Durante su estancia en el Real Madrid, Puskás amasó una colección impresionante de títulos, incluyendo 3 Copas de Europa y 5 títulos de La Liga. Su impacto fue instantáneo y profundo, formando una sociedad temible con Alfredo Di Stéfano que llevó al Real Madrid a dominar el fútbol europeo.

Puskás dejó su marca con 156 goles en 180 partidos de liga para el Real Madrid, y un total de 512 goles en 528 partidos oficiales en su carrera de clubes, una cifra asombrosa que lo establece como uno de los goleadores más prolíficos de la historia.

La Final de 1960

Una de las actuaciones más memorables de Puskás fue en la final de la Copa de Europa de 1960, donde el Real Madrid enfrentó al Eintracht Frankfurt en uno de los partidos más icónicos de todos los tiempos. Puskás marcó 4 goles en una victoria por 7-3, demostrando su clase mundial y asegurando su lugar en la historia del fútbol.

Legado y Reconocimientos

El legado de Puskás trasciende sus logros en el campo. Fue un pionero, uno de los primeros superastros globales del fútbol, y su nombre es sinónimo de excelencia en el juego. La FIFA honra su memoria con el Premio Puskás, otorgado al mejor gol del año, reconociendo la belleza y la espectacularidad en el fútbol.

Vida Más Allá del Fútbol

Puskás también dejó su huella fuera del campo. Después de retirarse, se dedicó a entrenar, compartiendo su vasto conocimiento y pasión por el juego. A pesar de enfrentar desafíos personales y políticos, incluido el exilio de su Hungría natal después de la Revolución de 1956, Puskás mantuvo su amor por el fútbol y su compromiso con la excelencia.

Ferenc Puskás falleció el 17 de noviembre de 2006, pero su legado y su impacto en el Real Madrid y en el fútbol mundial permanecen indelebles. Su historia es una de triunfo, resiliencia y genialidad indiscutible en el campo de juego.

Ferenc Puskás no es solo un nombre en la historia del Real Madrid; es una leyenda que personifica el espíritu de dedicación, talento y pasión. A través de sus goles, sus actuaciones y su carisma, Puskás grabó su nombre en el corazón de todos los aficionados al fútbol, dejando un legado que perdura y sigue inspirando a futuras generaciones.

Raúl González Blanco: El Ángel de Madrid

Inicios Prometedores

Raúl González Blanco, conocido simplemente como Raúl, nació el 27 de junio de 1977 en Madrid, España. Su pasión y talento por el fútbol se hicieron evidentes desde muy temprana edad, lo que eventualmente le llevaría a unirse a las filas juveniles del Atlético de Madrid. Sin embargo, fue el cierre de la academia juvenil del Atlético lo que catalizó su traspaso al eterno rival, el Real Madrid, donde encontraría su verdadero hogar y se convertiría en una leyenda.

Ascenso a la Gloria

Raúl debutó con el primer equipo del Real Madrid en la temporada 1994-1995, a la tierna edad de 17 años. No tardó en hacerse un nombre, mostrando una impresionante habilidad para encontrar el fondo de la red y una madurez futbolística que iba más allá de sus años. Su compromiso, su habilidad para liderar en el campo y su instinto goleador natural lo convirtieron rápidamente en uno de los delanteros más temidos de Europa.

Corazón de Madridista

Durante sus 16 años en el Real Madrid, Raúl se convirtió en el alma del equipo, personificando los valores y el espíritu del club tanto dentro como fuera del campo. Anotó 323 goles en 741 apariciones, convirtiéndose en el máximo goleador del club en ese momento, un récord que sostuvo hasta que fue superado por Cristiano Ronaldo.

Capitán Leyenda

Como capitán del Real Madrid, Raúl lideró con ejemplo y dignidad. Bajo su liderazgo, el club disfrutó de una era de éxito considerable, incluyendo tres títulos de la Liga de Campeones de la UEFA (1998, 2000, 2002), seis títulos de La Liga, y numerosas otras copas y distinciones. Su presencia en el campo era una fuente constante de inspiración para sus compañeros de equipo y un motivo de preocupación para sus oponentes.

Momentos Inolvidables

Uno de los momentos más icónicos de Raúl fue su celebración silenciando al Camp Nou con un gol en el clásico contra el FC Barcelona, un gesto que se convirtió en símbolo de su carácter competitivo y su pasión por el juego. Su habilidad para marcar en los momentos más cruciales, combinada con su lealtad inquebrantable al Real Madrid, cimentó su lugar como uno de los grandes del fútbol.

Más Allá del Bernabéu

Aunque Raúl dejó el Real Madrid en 2010 para continuar su carrera en el Schalke 04 alemán, y posteriormente en Qatar y Estados Unidos, su legado en el club madrileño es eterno. No solo fue un fenomenal goleador, sino también un líder en el vestuario y un ejemplo de deportividad y dedicación en el campo.

Legado y Reconocimiento

El legado de Raúl trasciende sus logros en el campo. Fue un jugador que representó la gracia, el compromiso y el espíritu deportivo en todo momento. En reconocimiento a su impacto en el fútbol, ha recibido múltiples honores, incluido un lugar en el prestigioso Salón de la Fama del Fútbol.

Raúl González Blanco no es solo un nombre en la historia del Real Madrid; es una leyenda viviente cuya influencia se extiende más allá de los goles y los trofeos. Representa una era dorada en la historia del club y continúa siendo un símbolo de excelencia y compromiso para futuras generaciones de madridistas. Su historia es un testimonio del espíritu inquebrantable del Real Madrid, un club con el que Raúl será eternamente sinónimo.

Iker Casillas: El Santo entre los Postes

Raíces y Primeros Pasos

Iker Casillas Fernández, nacido el 20 de mayo de 1981 en Móstoles, España, comenzó su viaje en el fútbol en las categorías inferiores del Real Madrid, uniéndose al club a la tierna edad de 9 años. Su ascenso a través de las filas juveniles fue un testimonio de su talento innato y su dedicación, perfilándose como uno de los porteros más prometedores de su generación.

Ascenso al Estrellato

Casillas fue catapultado a la primera plana del fútbol mundial a los 18 años, debutando con el primer equipo del Real Madrid en la temporada 1999-2000. Su impresionante capacidad para realizar atajadas cruciales y su madurez en el juego rápidamente lo establecieron como uno de los mejores porteros del mundo.

Pilares de Éxito

Durante su ilustre carrera en el Real Madrid, que se extendió por más de 16 años, Casillas acumuló un impresionante palmarés que incluye 3 títulos de la Liga de Campeones de la UEFA, 5 títulos de La Liga, 2 Copas del Rey, 4 Supercopas de España, 2 Supercopas de la UEFA y 2 Mundiales de Clubes de la FIFA, entre otros. Su liderazgo y actuaciones bajo los tres palos fueron fundamentales para el éxito del equipo en numerosas campañas.

Momentos Emblemáticos

Uno de los momentos más memorables de Casillas ocurrió en la final de la Liga de Campeones de 2002, donde sus atajadas cruciales ayudaron al Real Madrid a asegurar su novena copa europea. Su capacidad para actuar en los momentos más presionantes consolidó su lugar como un portero de clase mundial.

Capitán y Leyenda

Como capitán del Real Madrid, Casillas personificó el liderazgo, la integridad y el espíritu de lucha del club. Fue más que un portero; fue un símbolo de estabilidad y confianza tanto para sus compañeros de equipo como para los aficionados. Su compromiso con el club y su conducta dentro y fuera del campo lo convirtieron en uno de los jugadores más queridos y respetados en la historia del fútbol.

Desafíos y Resiliencia

La carrera de Casillas no estuvo exenta de desafíos, enfrentándose a la competencia por la titularidad y superando una grave lesión. Sin embargo, su resiliencia y dedicación lo vieron volver más fuerte, demostrando su calidad indiscutible y su espíritu inquebrantable.

Un Nuevo Capítulo

En 2015, Casillas dejó el Real Madrid para unirse al FC Porto, cerrando un capítulo glorioso en España, pero abriendo otro en Portugal, donde continuó demostrando su calibre como uno de los mejores porteros del mundo hasta su retiro.

Legado

El legado de Iker Casillas en el Real Madrid y en el fútbol mundial es indeleble. No solo será recordado por sus hazañas y títulos, sino también por su humildad, deportividad y el impacto positivo que tuvo en el juego. Casillas no solo es una leyenda del Real Madrid; es una figura icónica del fútbol que ha inspirado a generaciones de jugadores y aficionados.

Iker Casillas, "El Santo" de Madrid, dejó una marca imborrable en el corazón de todos los que tuvieron el placer de verlo jugar. Su carrera es un testimonio de excelencia, liderazgo y dedicación, valores que personifica y que seguirán inspirando a futuros porteros y jugadores en todo el mundo.

Paco Gento: La Galerna del Cantábrico

Orígenes y Llegada al Real Madrid

Francisco "Paco" Gento López nació el 21 de octubre de 1933 en Guarnizo, Cantabria, España. Antes de convertirse en una leyenda del Real Madrid y del fútbol mundial, Gento comenzó su carrera en el Racing de Santander, donde su velocidad y habilidad en el ala izquierda llamaron la atención de los grandes clubes españoles. Su traslado al Real Madrid en 1953 marcó el inicio de una era dorada no solo para el club sino también para él como jugador.

Una Carrera Llena de Éxitos

Durante sus 18 años en el Real Madrid, Gento ganó un récord de 6 Copas de Europa, una hazaña que aún no ha sido superada por ningún jugador. Además, se alzó con 12 títulos de La Liga, 2 Copas del Rey, y numerosas otras distinciones, consolidándose como uno de los futbolistas más laureados de la historia.

Su velocidad endiablada, su capacidad para desbordar por la banda y su precisión en los centros lo convirtieron en un componente esencial del Real Madrid y le valieron el apodo de "La Galerna del Cantábrico".

Momentos Memorables

Uno de los momentos más destacados de su carrera ocurrió durante la final de la Copa de Europa de 1960, donde el Real Madrid derrotó al Eintracht Frankfurt 7-3 en una de las finales más espectaculares de todos los tiempos. Gento jugó un papel crucial en este y muchos otros triunfos del equipo, demostrando su habilidad para actuar en los escenarios más grandes.

Legado e Impacto

El legado de Gento trasciende sus impresionantes estadísticas y trofeos. Fue un pionero en su posición, un jugador que redefinió lo que significaba ser un extremo en el fútbol moderno. Su compromiso con el juego, su lealtad al Real Madrid y su conducta dentro y fuera del campo lo establecieron como un modelo a seguir para generaciones futuras de futbolistas.

Gento también dejó una marca indeleble en la selección española, representando a su país en numerosas ocasiones y participando en la Copa del Mundo de la FIFA.

Homenajes y Reconocimientos

Reconociendo su contribución al fútbol, Gento ha recibido numerosos homenajes y distinciones a lo largo de los años. Su impacto en el Real Madrid fue tal que, tras su retiro, el club continuó honrando su legado, y su nombre se menciona con frecuencia entre los más grandes que hayan vestido la camiseta blanca.

Más Allá del Retiro

Después de colgar las botas, Gento continuó vinculado al fútbol y al Real Madrid, sirviendo como embajador del club y participando en diversas funciones administrativas. Su sabiduría y experiencia han sido una fuente de inspiración para las nuevas generaciones en el club.

Paco Gento falleció el 18 de enero de 2022, pero su legado como uno de los jugadores más exitosos y queridos en la historia del Real Madrid y del fútbol mundial perdura. Su carrera es un testimonio del talento excepcional, la dedicación y el espíritu deportivo.

Paco Gento, "La Galerna del Cantábrico", vivirá eternamente en la memoria de los aficionados del Real Madrid y del fútbol en general. Su historia es una de triunfo, habilidad inigualable y un legado de excelencia que sigue iluminando el camino para el futuro del deporte rey.

Fernando Hierro: El Corazón de la Defensa y el Alma del Madridismo

Inicios y Trayectoria

Fernando Ruiz Hierro, nacido el 23 de marzo de 1968 en Vélez-Málaga, España, comenzó su carrera en el fútbol profesional con el Real Valladolid, pero fue su traspaso al Real Madrid en 1989 lo que marcó el comienzo de una era inolvidable tanto para él como para el club. Durante sus 14 años en el club blanco, Hierro se estableció como uno de los defensas más formidables y versátiles de su época, capaz de jugar tanto en la defensa como en el mediocampo.

Líder en el Campo

Hierro rápidamente se convirtió en una figura central en el Real Madrid, asumiendo el papel de capitán y siendo una presencia constante en el campo. Su capacidad para leer el juego, junto con su físico imponente y su habilidad técnica, le permitió dominar tanto las tareas defensivas como contribuir al ataque del equipo.

Logros y Honores

A lo largo de su carrera en el Real Madrid, Hierro acumuló una impresionante lista de títulos, incluyendo 3 Ligas de Campeones de la UEFA, 5 títulos de La Liga, 1 Copa del Rey, 4 Supercopas de España, 1 Supercopa de la UEFA y 2 Copas Intercontinentales. Además de estos éxitos de equipo, su liderazgo y rendimiento individual le valieron numerosos reconocimientos y el respeto universal en el mundo del fútbol.

Goles Memorables

A pesar de ser defensor, Hierro tenía una notable capacidad goleadora, finalizando su carrera en el Real Madrid con 127 goles en todas las competiciones. Su potente disparo y precisión en los tiros libres y penales lo convirtieron en una amenaza constante, destacando su versatilidad y contribución al equipo más allá de su rol defensivo.

Un Líder Fuera del Campo

Fuera del terreno de juego, Hierro era igualmente influyente, siendo un líder en el vestuario y un ejemplo para los jugadores jóvenes. Su compromiso con el Real Madrid y su actitud dentro y fuera del campo fortalecieron la identidad y los valores del club, encarnando el espíritu del madridismo.

Carrera Internacional

En el escenario internacional, Hierro fue un pilar de la se-

lección española, representando a su país en 4 Copas del Mundo de la FIFA y 2 Campeonatos Europeos de la UEFA. Su experiencia y liderazgo fueron fundamentales para España, destacando su papel como uno de los jugadores más importantes de su generación.
Legado y Despedida

Hierro dejó el Real Madrid en 2003, pero su legado como uno de los defensores más completos y líderes más respetados del fútbol sigue vivo. Su carrera es un testimonio de excelencia, dedicación y un amor inquebrantable por el Real Madrid, estableciéndolo como una figura icónica en la historia del club.

Tras su retirada, Hierro ha seguido vinculado al mundo del fútbol en distintas capacidades, incluyendo roles directivos y como entrenador, compartiendo su vasta experiencia y conocimiento con la siguiente generación.

Fernando Hierro no solo fue el corazón de la defensa del Real Madrid, sino también el alma del madridismo durante su carrera. Su legado es una mezcla de pasión, talento y liderazgo, ejemplificando lo que significa ser parte del Real Madrid y dejando una marca imborrable en el club y en el corazón de los aficionados.

Sergio Ramos: El Guerrero del Real Madrid

Inicios y Ascenso

Sergio Ramos García, nacido el 30 de marzo de 1986 en Camas, Sevilla, España, comenzó su carrera profesional en el Sevilla FC, donde rápidamente se estableció como un defensor central de gran promesa. Su traslado al Real Madrid en el verano de 2005 por 27 millones de euros lo convirtió en uno de los fichajes españoles más caros de la época. Este movimiento marcó el comienzo de una era dorada no solo para Ramos sino también para el club.

Pilares de Éxito

Desde su llegada, Ramos se convirtió en una figura central en la defensa del Real Madrid. Su versatilidad le permitió jugar tanto como defensa central como lateral derecho, aunque fue en el corazón de la defensa donde dejó su marca más indeleble. A lo largo de su carrera en el Real Madrid, Ramos se ganó una reputación como uno de los defensores más completos del mundo, combinando habilidades defensivas excepcionales con un notable instinto goleador.

Liderazgo y Carácter

Con el brazalete de capitán desde 2015, tras la salida de Iker Casillas, Ramos personificó el liderazgo en el campo. Su carácter, pasión y determinación lo convirtieron en un ícono del madridismo, inspirando a compañeros de equipo y aficionados con su entrega y compromiso.

Logros y Reconocimientos

Durante sus 16 años en el club, Ramos jugó un papel crucial en una de las épocas más exitosas del Real Madrid, ayudando al equipo a ganar 4 Ligas de Campeones de la UEFA, 5 títulos de La Liga, 2 Copas del Rey, 4 Supercopas de España, 3 Supercopas de la UEFA y 4 Mundiales de Clubes de la FIFA, entre otros. Además, se convirtió en el defensor con más goles en la historia de La Liga.

Momentos Emblemáticos

Uno de los momentos más memorables de la carrera de Ramos fue su gol de cabeza en el tiempo añadido de la final de la Liga de Campeones de la UEFA 2014 contra el Atlético de Madrid, forzando la prórroga donde el Real Madrid finalmente ganaría su décima copa europea, La Décima. Este gol simbolizó no solo su importancia táctica sino también su capacidad para elevarse en los momentos más cruciales.

Legado y Despedida

Sergio Ramos dejó el Real Madrid en 2021 para unirse al Paris Saint-Germain, pero su legado en el club blanco perdura. Más que sus logros en el campo, Ramos será recordado por su espíritu de lucha, su capacidad para liderar con el ejemplo y su compromiso inquebrantable con el éxito.

Más Allá del Real Madrid

A nivel internacional, Ramos ha sido un pilar de la selección española, contribuyendo a sus éxitos en la Eurocopa 2008 y 2012, y en la Copa del Mundo de la FIFA 2010. Su liderazgo y experiencia han sido invaluables para el equipo nacional.

Sergio Ramos, el guerrero del Real Madrid, es una figura que encapsula la pasión, el talento y el liderazgo. Su historia en el club es una de triunfo, sacrificio y dedicación inquebrantable, sirviendo como una fuente de inspiración para futuras generaciones y dejando una huella imborrable en la rica historia del Real Madrid.

Zinedine Zidane: Elegancia y Genialidad en la Casa Blanca

Principios y Trayectoria

Zinedine Yazid Zidane, nacido el 23 de junio de 1972 en Marsella, Francia, comenzó su carrera en el AS Cannes antes de establecerse como uno de los centrocampistas más talentosos de su generación en el Girondins de Burdeaux. Su paso por la Juventus consolidó su estatus como uno de los mejores jugadores del mundo, preparando el escenario para su histórica llegada al Real Madrid en 2001.

La Llegada al Real Madrid

Zidane se unió al Real Madrid por un entonces récord mundial de transferencia, simbolizando la ambición del club de construir un equipo de superestrellas conocido como los "Galácticos". Desde el principio, Zidane encarnó la elegancia, la visión y la habilidad técnica, convirtiéndose en el corazón creativo del equipo.

Momentos Legendarios

Uno de los momentos más icónicos de Zidane en el Real Madrid ocurrió en la final de la Liga de Campeones de la UEFA 2002 contra el Bayer Leverkusen. Su espectacular gol de volea, considerado uno de los mejores en la historia de la competición, aseguró la novena Copa de Europa para el club. Este gol es emblemático no solo de su genialidad en el campo sino también de su capacidad para brillar en los momentos más importantes.

Logros y Contribuciones

Durante su tiempo como jugador del Real Madrid, Zidane ayudó al club a ganar numerosos títulos, incluyendo la Liga de Campeones de la UEFA, La Liga, la Supercopa de España, la Supercopa de la UEFA y el Mundial de Clubes de la FIFA. Más allá de los trofeos, Zidane dejó una marca indeleble en el club a través de su liderazgo, su compromiso y su juego inspirador.

Transición a Entrenador

Tras retirarse como jugador, Zidane continuó su relación con el Real Madrid, primero en roles administrativos y luego como entrenador del Castilla. En enero de 2016, asumió el cargo de entrenador del primer equipo, iniciando un período de éxito sin precedentes.

Éxito como Entrenador

Bajo su liderazgo, el Real Madrid ganó tres Ligas de Campeones de la UEFA consecutivas (2016, 2017, 2018), un logro sin precedentes en la era moderna del torneo. También conquistó dos títulos de La Liga, entre otros trofeos, consolidándose como uno de los entrenadores más exitosos en la historia del club.

Legado

Zinedine Zidane es una figura emblemática en la historia del Real Madrid, respetado tanto por su genialidad en el campo como jugador como por su visión y liderazgo como entrenador. Representa la unión perfecta entre talento, trabajo duro y la búsqueda constante de la excelencia.

Zinedine Zidane personifica lo mejor del fútbol y del Real Madrid: talento sin igual, elegancia en el juego, y un legado de éxito tanto dentro como fuera del campo. Su historia en el club es un testimonio de cómo la habilidad, la determinación y la gracia pueden elevar el deporte a su máxima expresión, dejando una huella imborrable en el corazón de los aficionados y en la historia del fútbol.

Karim Benzema: El Silencioso Arquitecto del Éxito

Orígenes y Desarrollo

Karim Benzema, nacido el 19 de diciembre de 1987 en Lyon, Francia, emergió de la academia juvenil del Olympique Lyonnais, donde se forjó su reputación como uno de los delanteros más prometedores de Europa. Su habilidad para marcar goles y su inteligencia en el juego lo llevaron a ser fichado por el Real Madrid en el verano de 2009, formando parte de la nueva ola de "Galácticos".

Adaptación y Ascenso

Los primeros años de Benzema en el Real Madrid estuvieron marcados por altibajos, mientras se adaptaba al estilo de juego y a las exigencias del fútbol español. Sin embargo, su talento era indiscutible, y con trabajo duro y determinación, comenzó a mostrar su verdadero valor, convirtiéndose en una pieza clave del ataque del equipo.

Pilar del Real Madrid

A lo largo de los años, Benzema se ha consolidado como uno de los delanteros más completos y versátiles del mundo. Su capacidad para anotar goles, su inteligencia para moverse en el campo y su habilidad para crear oportunidades para sus compañeros lo han convertido en un jugador indispensable para el equipo.

Logros y Reconocimientos

Durante su estancia en el Real Madrid, Benzema ha contribuido significativamente al éxito del equipo, ganando múltiples títulos de La Liga, Ligas de Campeones de la UEFA, Copas del Rey, entre otros. Ha ocupado un lugar entre los máximos goleadores del club y ha sido crucial en momentos clave, demostrando su capacidad para actuar bajo presión.

Liderazgo Silencioso

A diferencia de otros grandes nombres que han vestido la camiseta del Real Madrid, Benzema ha preferido liderar con acciones en lugar de palabras, convirtiéndose en un líder silencioso dentro y fuera del campo. Su compromiso con el equipo y su actitud profesional han sido ejemplares, ganándose el respeto de compañeros de equipo, entrenadores y aficionados.

Un Estilo Único

Benzema se destaca por su estilo de juego único, que combina la elegancia, la técnica y la eficacia. Su capacidad para jugar en profundidad, asociarse con sus compañeros y su visión de juego lo distinguen como uno de los delanteros más inteligentes de su generación.

Legado en Construcción

A medida que continúa su carrera en el Real Madrid, el legado de Benzema sigue en construcción. Ya establecido como una leyenda del club, su historia es una de perseverancia, adaptación y excelencia continua. Benzema no solo es un goleador prolífico sino también un creador de juego, un arquitecto del éxito que ha dejado una marca imborrable en la historia del Real Madrid.

Karim Benzema representa la evolución del delantero moderno: un jugador capaz no solo de finalizar las jugadas sino de crearlas, demostrando que la inteligencia y la técnica son tan cruciales como la capacidad goleadora. Su contribución al Real Madrid es incuestionable, y su historia en el club es un testimonio del talento, el trabajo duro y la dedicación al arte del fútbol.

Gareth Bale: La Estrella Veloz del Bernabéu

Inicios Prometedores

Gareth Frank Bale nació el 16 de julio de 1989 en Cardiff, Gales. Comenzó su carrera profesional en el Southampton antes de moverse al Tottenham Hotspur, donde su velocidad, potencia y habilidad para anotar goles lo convirtieron en uno de los extremos más emocionantes de Europa. Su destacado desempeño en la Premier League llamó la atención de los gigantes europeos, culminando en su traspaso al Real Madrid en el verano de 2013 por un entonces récord mundial.

Llegada al Real Madrid

Bale llegó al Real Madrid con grandes expectativas, y rápidamente comenzó a cumplirlas. Desde su debut, demostró ser un jugador de momentos decisivos, utilizando su velocidad sobrenatural y su capacidad para disparar desde larga distancia para marcar goles espectaculares. Su adaptación al fútbol español fue notable, y pronto formó parte de un tridente ofensivo letal junto a Cristiano Ronaldo y Karim Benzema.

Momentos Clave

Uno de los momentos más emblemáticos de Bale en el Real Madrid ocurrió en la final de la Copa del Rey 2014 contra el FC Barcelona, donde marcó un gol inolvidable corriendo desde la mitad del campo, superando a Marc Bartra con una velocidad asombrosa antes de anotar. Este gol no solo aseguró el trofeo para el Real Madrid, sino que también solidificó el estatus de Bale como uno de los jugadores más emocionantes del mundo.

Bale también jugó un papel crucial en la conquista de cuatro Ligas de Campeones de la UEFA, destacándose especialmente en la final de 2018 contra el Liverpool, donde anotó dos goles, incluyendo una impresionante chilena, ayudando al equipo a ganar su decimotercera copa europea.

Desafíos y Resiliencia

A pesar de sus momentos de brillantez, la carrera de Bale en el Real Madrid estuvo marcada por altibajos, incluidas varias lesiones que limitaron su tiempo en el campo. Sin embargo, su capacidad para superar estos desafíos y contribuir significativamente en momentos cruciales demostró su resiliencia y su calidad indiscutible como jugador.

Legado en el Real Madrid

Bale dejó el Real Madrid en 2021, regresando al Tottenham Hotspur en préstamo antes de moverse a Los Angeles FC. A pesar de las controversias en torno a su figura hacia el final de su estancia, su legado como uno de los extranjeros más impactantes y emocionantes en la historia del club permanece intacto. Bale fue un jugador capaz de cambiar el curso de un partido con un solo destello de genialidad, dejando una huella imborrable en los aficionados y en el club.

Más Allá de Madrid

Además de sus logros en el club, Bale ha sido una figura clave para la selección de Gales, liderando a su país a actuaciones históricas en torneos internacionales y convirtiéndose en el máximo goleador de su selección nacional.

Gareth Bale, con su velocidad, su habilidad para momentos decisivos y su indiscutible talento, es un ejemplo de cómo un jugador puede dejar una marca profunda en uno de los clubes más grandes del mundo. Su historia en el Real Madrid es una mezcla de éxitos espectaculares y desafíos superados, reflejando la carrera de un jugador que siempre será recordado por los aficionados madridistas.

Luka Modrić: El Maestro del Mediocampo

Orígenes y Primeros Pasos

Luka Modrić, nacido el 9 de septiembre de 1985 en Zadar, Croacia, durante una época tumultuosa en la región, comenzó su carrera en el Dinamo Zagreb. Su talento en el mediocampo pronto se hizo evidente, destacándose por su excepcional visión de juego, técnica impecable y capacidad para controlar el ritmo del partido. Después de impresionantes temporadas en la liga croata y un exitoso paso por el Tottenham Hotspur en la Premier League, Modrić se unió al Real Madrid en el verano de 2012.

Impacto Inmediato

Desde su llegada al Real Madrid, Modrić se estableció como uno de los mejores centrocampistas del mundo. Su adaptabilidad y habilidad para desempeñarse tanto en tareas defensivas como ofensivas lo convirtieron en una pieza clave del equipo. La influencia de Modrić en el campo era palpable; su capacidad para distribuir el juego, junto con su visión para realizar pases decisivos, elevó el juego de sus compañeros de equipo.

Pilares de Éxito

A lo largo de su carrera en el Real Madrid, Modrić ha sido fundamental en el éxito del club, ayudando a asegurar varios títulos importantes, incluidos 5 trofeos de la Liga de Campeones de la UEFA. Fue especialmente crucial en el período entre 2016 y 2018, donde el Real Madrid ganó tres Ligas de Campeones consecutivas, un logro sin precedentes en la era moderna del fútbol.

Reconocimiento Mundial

El talento y la contribución de Modrić al fútbol fueron reconocidos en 2018 cuando ganó el Balón de Oro, poniendo fin a una década de dominio de Lionel Messi y Cristiano Ronaldo en el premio. Este honor subrayó su importancia no solo en el Real Madrid sino también en el escenario mundial, destacando su capacidad para influir en los partidos al más alto nivel.

Legado y Liderazgo

Modrić ha sido alabado no solo por su destreza en el campo sino también por su liderazgo y profesionalismo. A medida que asumió un papel más destacado en el equipo, especialmente después de la salida de figuras clave como Cristiano Ronaldo, Modrić continuó demostrando su calidad, guiando al equipo a través de transiciones y manteniendo un alto nivel de rendimiento.

Más Allá de los Títulos

Aparte de sus logros con el Real Madrid, Modrić ha tenido un impacto significativo en la selección croata, llevándolos a la final de la Copa del Mundo de la FIFA 2018, un hito histórico para el país. Su actuación durante el torneo le valió el Balón de Oro del torneo, consolidando su estatus como uno de los grandes mediocampistas de su generación.

Un Futuro Brillante

A medida que continúa su carrera, el legado de Luka Modrić en el Real Madrid y en el fútbol mundial sigue creciendo. Su historia es una de superación, excelencia en el mediocampo y un testimonio de la importancia de la visión, la técnica y el intelecto en el fútbol moderno.

Luka Modrić ha redefinido lo que significa ser un mediocampista en el fútbol contemporáneo, combinando habilidad, inteligencia táctica y una ética de trabajo incansable. Su influencia en el Real Madrid ha sido profunda, dejando una huella indeleble en el club y sirviendo como inspiración para futuros jugadores en su posición.

Roberto Carlos: La Flecha Izquierda del Real Madrid

Orígenes y Despegue

Roberto Carlos da Silva Rocha, nacido el 10 de abril de 1973 en Garça, São Paulo, Brasil, comenzó su carrera en el fútbol brasileño antes de aventurarse en Europa con el Inter de Milán. Sin embargo, fue su traspaso al Real Madrid en 1996 lo que marcó el comienzo de una era dorada tanto para él como para el club. Con una mezcla única de potencia física, velocidad inigualable y un disparo letal, Roberto Carlos se estableció rápidamente como uno de los mejores laterales izquierdos del mundo.

Revolucionando la Defensa

Roberto Carlos transformó la posición de lateral izquierdo, incorporando una presencia ofensiva que era rara en los defensores de su época. Su capacidad para realizar carreras desde la defensa al ataque, combinada con su habilidad para disparar desde larga distancia, lo convirtió en una amenaza constante para los equipos rivales. Su estilo de juego no solo contribuyó significativamente al éxito del Real Madrid, sino que también inspiró a futuras generaciones de defensores.

Logros y Momentos Emblemáticos

Durante sus 11 años en el Real Madrid, Roberto Carlos ganó innumerables títulos, incluidos 3 trofeos de la Liga de Campeones de la UEFA y 4 títulos de La Liga. Uno de sus momentos más recordados es su icónico gol de tiro libre contra el Tenerife en 1998, un disparo con un efecto impresionante que es considerado uno de los mejores goles de tiro libre de todos los tiempos.

Influencia y Legado

El impacto de Roberto Carlos en el Real Madrid se extendió más allá de sus contribuciones en el campo. Su carisma y personalidad vibrante lo convirtieron en un favorito entre los aficionados, mientras que su profesionalismo y dedicación al entrenamiento sirvieron de ejemplo para sus compañeros de equipo. Fue un pionero en su posición, redefiniendo lo que significaba ser un lateral en el fútbol moderno.

Carrera Internacional

Roberto Carlos también dejó su huella en la selección brasileña, ganando la Copa del Mundo de la FIFA en 2002 y participando en tres torneos mundialistas. Su presencia en el equipo nacional fue una demostración de su calidad y consistencia en el más alto nivel de competencia.

Más Allá del Fútbol

Después de dejar el Real Madrid en 2007, Roberto Carlos continuó su carrera en el Fenerbahçe, el Corinthians, el Anzhi Makhachkala y el Delhi Dynamos, antes de retirarse. Su pasión por el fútbol lo ha llevado a asumir roles como entrenador y embajador, compartiendo su vasta experiencia con la próxima generación de futbolistas.

Roberto Carlos es sinónimo de innovación, talento y éxito en el Real Madrid. Su legado como uno de los mejores laterales izquierdos de la historia es indiscutible, dejando una marca imborrable en el club y en el fútbol mundial. Su carrera es un testimonio de cómo la habilidad, la determinación y el espíritu pionero pueden elevar el juego e inspirar a futuras generaciones.

Sergio Reguilón: El Lateral Moderno del Real Madrid

Orígenes y Desarrollo

Sergio Reguilón Rodríguez, nacido el 16 de diciembre de 1996 en Madrid, España, es un producto orgulloso de La Fábrica, la cantera del Real Madrid. Desde temprana edad, Reguilón demostró un talento prometedor como lateral izquierdo, combinando velocidad, habilidad técnica y una notable capacidad para unirse al ataque, lo que eventualmente le ganó un lugar en el primer equipo.

Ascenso al Primer Equipo

La temporada 2018-2019 fue la de su ascenso definitivo, cuando bajo la dirección de Santiago Solari primero, y luego con el regreso de Zinedine Zidane, Reguilón comenzó a recibir oportunidades significativas en el primer equipo. Su energía, valentía en el ataque y compromiso defensivo le valieron elogios tanto de los aficionados como de los críticos.

Competencia y Crecimiento

En un club de la estatura del Real Madrid, la competencia siempre es feroz, y para un joven jugador como Reguilón, mantenerse en el once inicial no fue tarea fácil. Compitiendo por un lugar con veteranos y nuevos fichajes, Reguilón mostró una notable mejora y adaptabilidad, características esenciales para cualquier jugador joven que busca hacer su marca en el equipo.

Préstamo y Reconocimiento

Reconociendo la necesidad de más tiempo de juego para su desarrollo, Reguilón fue cedido al Sevilla FC para la temporada 2019-2020. Fue aquí donde realmente brilló, convirtiéndose en una pieza clave en el equipo que ganó la Europa League, y demostrando su capacidad para actuar en el escenario europeo. Su actuación durante el préstamo atrajo la atención de clubes de toda Europa y solidificó su reputación como uno de los laterales izquierdos más prometedores de su generación.

Futuro y Legado

Aunque la carrera de Reguilón en el Real Madrid fue relativamente breve antes de su traspaso al Tottenham Hotspur en septiembre de 2020, su historia es emblemática de los desafíos y oportunidades que enfrentan los jóvenes talentos en los grandes clubes. Representa la nueva generación de laterales modernos: defensores capaces no solo de cumplir sus deberes defensivos sino también de contribuir significativamente al ataque.

Sergio Reguilón continúa su carrera en la Premier League, llevando consigo las lecciones aprendidas y las experiencias vividas en el Real Madrid. Su tiempo en el club blanco, aunque no marcado por una larga lista de títulos o un extenso periodo de servicio, sigue siendo un testimonio de la dedicación, el trabajo duro y el talento necesario para jugar en uno de los clubes más grandes del mundo.

La historia de Sergio Reguilón en el Real Madrid refleja el viaje de un joven talentoso a través de las filas de uno de los sistemas de cantera más respetados del fútbol, demostrando la importancia de la perseverancia, el desarrollo continuo y la adaptabilidad en la carrera de un futbolista profesional. Su paso por el Real Madrid será recordado como el comienzo de la prometedora carrera de un lateral moderno que combina defensa sólida con una amenaza ofensiva constante.

Emilio Butragueño: El Buitre, Elegancia y Astucia en Ataque

Inicios y Revelación

Emilio Butragueño Santos, nacido el 22 de julio de 1963 en Madrid, España, es uno de los productos más célebres de La Fábrica, la cantera del Real Madrid. Apodado "El Buitre", Butragueño fue parte integral de la Quinta del Buitre, un grupo de jugadores procedentes de la cantera que dominaron el fútbol español en la década de 1980 y principios de la de 1990.

Ascenso al Estrellato

Butragueño debutó con el primer equipo del Real Madrid en 1983 y rápidamente se estableció como un delantero de primer nivel. Conocido por su habilidad para eludir defensores con gracia y su letal precisión frente a la portería, El Buitre se convirtió en sinónimo de la astucia y elegancia en el ataque. Su inteligencia en el campo, combinada con una capacidad innata para estar en el lugar correcto en el momento adecuado, lo convirtió en uno de los delanteros más temidos de su generación.

Logros y Contribuciones

Durante su carrera en el Real Madrid, Butragueño ayudó al equipo a conseguir numerosos títulos, incluidos 6 títulos de La Liga y 2 Copas de la UEFA. Fue durante esta época dorada cuando el Real Madrid consolidó su reputación como uno de los clubes más formidables de Europa, con Butragueño desempeñando un papel clave en este éxito.

Su impacto no se limitó solo a los títulos; Butragueño fue un pionero en el fútbol moderno, estableciendo estándares para los futuros delanteros en términos de movimiento, creatividad y eficacia frente al gol.

Carrera Internacional y Legado

A nivel internacional, Butragueño representó a España en varias competiciones importantes, incluidas las Copas del Mundo de la FIFA de 1986 y 1990. Su actuación en el mundial de México 1986, particularmente en el partido contra Dinamarca donde marcó 4 goles, es recordada como una de las mejores en la historia del torneo.

El legado de Butragueño en el Real Madrid y en el fútbol español es inmenso. Su clase, humildad y lealtad al club lo convierten en una de las figuras más respetadas y queridas en la historia del fútbol. Tras su retiro como jugador, Butragueño ha continuado su asociación con el Real Madrid en varias capacidades, contribuyendo al club fuera del campo.

Emilio Butragueño, "El Buitre", no solo es una leyenda del Real Madrid por sus goles y su estilo de juego, sino también por encarnar los valores de deportividad, excelencia y compromiso que definen al club. Su historia es un testimonio de cómo la técnica, la visión y el carácter pueden elevar a un jugador a la categoría de ícono, inspirando a futuras generaciones dentro y fuera del campo.

Hugo Sánchez: El Pentapichichi del Real Madrid

Orígenes y Despegue

Hugo Sánchez Márquez, nacido el 11 de julio de 1958 en Ciudad de México, México, comenzó su carrera en el fútbol en el Club Universidad Nacional (Pumas) de su país natal, donde ya destacó por su increíble habilidad goleadora y su capacidad acrobática única para celebrar los goles. Tras una exitosa etapa en la Liga MX y un paso por el fútbol estadounidense, Sánchez se trasladó a Europa, donde jugó para el Atlético de Madrid antes de hacer el trascendental cambio al Real Madrid en 1985.

Consolidación de una Leyenda

Durante su tiempo en el Real Madrid, Hugo Sánchez se consolidó como uno de los delanteros más prolíficos de su época y uno de los mejores en la historia del club. Su habilidad para encontrar el fondo de la red, junto con su técnica refinada y su icónica "chilena", dejó una marca imborrable en La Liga y el fútbol mundial.

Logros y Reconocimientos

Sánchez ganó cinco títulos consecutivos de Pichichi, el premio al máximo goleador de La Liga, entre 1985 y 1990, un logro que lo distingue en los anales de la historia del fútbol español. En el Real Madrid, contribuyó significativamente a la conquista de cinco títulos de La Liga, una Copa del Rey, tres Supercopas de España y una Copa de la UEFA, entre otros honores.

Un Estilo Inconfundible

Lo que hacía especial a Hugo Sánchez no era solo su capacidad para marcar goles, sino la manera espectacular en que lo hacía. Sus remates acrobáticos y su precisión frente al arco fueron complementados por una confianza inquebrantable, que lo convertían en un espectáculo cada vez que pisaba el campo.

Impacto en el Fútbol Mexicano y Mundial

Hugo Sánchez no solo fue un pionero para los futbolistas mexicanos en Europa, sino también un embajador del talento latinoamericano en el fútbol mundial. Representó a México en tres Copas del Mundo de la FIFA y dejó un legado duradero que inspiró a generaciones de futbolistas en su país y en toda Latinoamérica.

Su éxito en Europa, especialmente en el Real Madrid, abrió puertas y despejó dudas sobre el potencial de los jugadores mexicanos y latinoamericanos en las ligas más competitivas del mundo. Sánchez demostró que, con talento, determinación y trabajo duro, los jugadores de la región podían destacar y convertirse en estrellas globales.

Carrera Internacional y Legado

A nivel internacional, Hugo Sánchez representó a México con distinción, participando en varios torneos importantes y dejando su huella como uno de los mejores delanteros de su generación. Su capacidad para liderar y motivar a su selección nacional fue igualmente impresionante, marcando goles cruciales y siendo un ejemplo para sus compañeros de equipo.

El legado de Hugo Sánchez en el Real Madrid y en el fútbol mundial es inmenso. No solo se le recuerda por los títulos que ganó y los goles que marcó, sino también por la manera en que jugaba al fútbol: con pasión, alegría y un estilo que cautivaba a los aficionados. Su contribución al deporte va más allá de los registros estadísticos; Hugo Sánchez es un ícono del fútbol, cuya influencia trasciende generaciones.

Más Allá del Retiro

Tras retirarse como jugador, Hugo Sánchez no se alejó del fútbol. Ha estado involucrado en diferentes roles, incluyendo el de entrenador, donde ha buscado impartir su conocimiento y experiencia a la nueva generación de futbolistas. Su presencia en el mundo del fútbol sigue siendo una fuente de inspiración y un recordatorio de la excelencia deportiva.

Hugo Sánchez, el Pentapichichi, es un ejemplo perdurable de excelencia en el fútbol. Su historia en el Real Madrid es un capítulo brillante en la rica historia del club, destacando no solo la globalidad del fútbol sino también la capacidad de este deporte para unir culturas y personas a través de la pasión compartida por el juego. Su legado sigue vivo, inspirando a futuros talentos y recordando a los aficionados la belleza y el arte que pueden encontrarse en el fútbol.

Michel Salgado: La Fuerza Incansable en la Defensa

Orígenes y Trayectoria Inicial

Miguel Ángel "Michel" Salgado Fernández, nacido el 22 de octubre de 1975 en As Neves, Pontevedra, España, inició su carrera futbolística en el Celta de Vigo, donde su tenacidad y habilidad defensiva llamaron la atención de los grandes clubes de España. En 1999, dio el gran salto al unirse al Real Madrid, marcando el comienzo de una era exitosa tanto para él como para el club.

Pilar Defensivo del Real Madrid

Desde su llegada al Real Madrid, Salgado se estableció como un pilar en la defensa del equipo. Su posición preferida era la de lateral derecho, donde combinaba a la perfección su tenacidad defensiva con una notable capacidad para apoyar el ataque. Conocido por su incansable motor, su agresividad controlada y su compromiso inquebrantable, Salgado rápidamente se convirtió en uno de los favoritos de la afición madridista.

Logros y Reconocimientos

Durante su carrera en el Real Madrid, Salgado ayudó al club a conquistar 2 títulos de la Liga de Campeones de la UEFA, 4 títulos de La Liga, y numerosas otras copas y distinciones. Aunque no era conocido por su capacidad goleadora, su contribución al equipo iba más allá de los goles; era un líder en el campo, un defensor feroz y un compañero de equipo leal.

Momentos Emblemáticos

Uno de los momentos más destacados de la carrera de Salgado fue su participación en las victorias de la Liga de Campeones de la UEFA en 2000 y 2002. Su rendimiento en estos torneos fue emblemático de su carrera: consistente, tenaz y siempre dispuesto a luchar por el equipo. Salgado no solo era un defensor formidable, sino que también era capaz de inspirar a sus compañeros de equipo con su pasión y su entrega.

Carrera Internacional y Más Allá

A nivel internacional, Salgado representó a España en varias competiciones importantes, incluidas las Eurocopas y las eliminatorias para la Copa del Mundo de la FIFA. Después de dejar el Real Madrid en 2009, continuó su carrera en el Blackburn Rovers en la Premier League, donde siguió demostrando su calidad y su compromiso en el campo.

Legado en el Real Madrid

El legado de Michel Salgado en el Real Madrid es el de un guerrero incansable, un jugador que personificaba la garra y el espíritu de lucha del club. Aunque quizás no tenga el mismo reconocimiento global que otras estrellas del equipo, Salgado es recordado cariñosamente por los aficionados madridistas por su entrega, su profesionalismo y su indomable espíritu competitivo.

Michel Salgado dejó una marca indeleble en el Real Madrid, representando la ética de trabajo, la determinación y la pasión que son esenciales para cualquier equipo que aspira a la grandeza. Su historia en el club es un recordatorio de que la fuerza, la tenacidad y el compromiso inquebrantable son tan valiosos como los goles y las asistencias. Salgado sigue siendo un símbolo de lo que significa ser un jugador del Real Madrid, inspirando a futuras generaciones a darlo todo por el escudo.

Vicente del Bosque: El Estratega Tranquilo

Orígenes y Trayectoria en el Club

Vicente del Bosque González, nacido el 23 de diciembre de 1950 en Salamanca, España, comenzó su carrera futbolística como jugador en las categorías inferiores del Real Madrid. Del Bosque fue un componente clave del equipo durante los años 70 y principios de los 80, desempeñándose principalmente como centrocampista defensivo. Su inteligencia en el campo, visión de juego y liderazgo lo distinguieron como un jugador esencial para el club en esa época.

Transición a Entrenador

Tras colgar las botas, Del Bosque se dedicó a la dirección técnica, donde encontró su verdadera vocación. Después de trabajar en varios roles dentro del Real Madrid, incluyendo el equipo juvenil y el Castilla, Del Bosque asumió el cargo de entrenador del primer equipo en 1999. Su periodo como entrenador estaría marcado por una filosofía de calma, respeto y juego colectivo.

Logros y Éxitos

Bajo su dirección, el Real Madrid disfrutó de un periodo de éxito considerable, ganando 2 Ligas de Campeones de la UEFA, 2 títulos de La Liga, 1 Supercopa de España, 1 Supercopa de la UEFA y 1 Copa Intercontinental. Del Bosque fue aclamado por su enfoque pragmático y su habilidad para gestionar un vestuario lleno de estrellas, conocido como los "Galácticos".

Legado en el Real Madrid

El legado de Del Bosque en el Real Madrid se define por su enfoque tranquilo pero efectivo del liderazgo. Fue un estratega que priorizó el equilibrio y la unidad dentro del equipo, promoviendo un ambiente en el que jugadores de calibre mundial pudieran prosperar juntos. A pesar de su salida en 2003, su impacto en el club perdura, siendo recordado como uno de los entrenadores más respetados y exitosos en la historia del Real Madrid.

Carrera Internacional y Reconocimiento

Del Bosque continuó su carrera como seleccionador de España, llevando al equipo nacional a la victoria en la Copa del Mundo de la FIFA 2010 y la Eurocopa 2012. Su éxito con la selección española solidificó su reputación como uno de los grandes entrenadores del fútbol moderno, capaz de lograr el éxito tanto a nivel de clubes como internacional.

Vicente del Bosque es un ejemplo de liderazgo sereno y estrategia inteligente. En el Real Madrid y más allá, demostró que la grandeza se puede alcanzar con respeto, unidad y un enfoque táctico bien considerado. Su carrera como jugador y entrenador en el Real Madrid lo convierte en una figura emblemática del club, cuyo impacto en el fútbol sigue siendo una fuente de inspiración.

José Martínez Sánchez "Pirri": Corazón y Polivalencia

Orígenes y Desarrollo

José Martínez Sánchez, conocido por todos como "Pirri", nacido el 11 de marzo de 1945 en Ceuta, España, comenzó su carrera en el fútbol en el Granada CF antes de trasladarse al Real Madrid en 1964. Su llegada al club blanco marcó el inicio de una de las carreras más exitosas y emblemáticas en la historia del Real Madrid.

Versatilidad en el Campo

Pirri se destacó por su increíble versatilidad, capaz de desempeñarse tanto en el mediocampo como en la defensa con igual maestría. Esta polivalencia lo convirtió en un activo invaluable para el equipo, adaptándose a las necesidades tácticas de diferentes entrenadores a lo largo de su carrera.

Logros y Contribuciones

Durante sus 16 años en el Real Madrid, Pirri ayudó al equipo a conquistar 10 títulos de La Liga, 4 Copas del Rey, 1 Copa de Europa, y varias otras competiciones internacionales y nacionales. Su compromiso y habilidad para jugar a pesar de las lesiones le ganaron el respeto y la admiración de los aficionados y compañeros de equipo.

Momentos Emblemáticos

Uno de los momentos más recordados de Pirri en el Real Madrid fue su decisión de seguir jugando en la final de la Copa de Europa de 1966 a pesar de sufrir una grave lesión en el hombro. Su tenacidad y coraje simbolizaron el espíritu de lucha del Real Madrid y contribuyeron a la victoria del equipo.

Legado en el Real Madrid

El legado de Pirri en el Real Madrid es el de un guerrero incansable, un jugador que personificaba la pasión, el compromiso y la versatilidad. Fue una figura clave en una era de transición para el club, manteniendo un alto nivel de rendimiento y liderazgo tanto dentro como fuera del campo.

Más Allá del Retiro

Tras retirarse como jugador, Pirri continuó su vinculación con el fútbol y el Real Madrid, desempeñándose en roles técnicos y directivos. Su conocimiento del juego y su experiencia como jugador le permitieron contribuir al desarrollo del club y al fútbol español de otras maneras.

José Martínez Sánchez "Pirri" representa una era dorada en la historia del Real Madrid, un jugador cuya entrega y versatilidad dejaron una huella imborrable en el club y en el corazón de los aficionados. Su carrera es un testimonio de la dedicación, la pasión y el amor por el fútbol, valores que continúan inspirando a futuras generaciones de madridistas.

Fernando Redondo: La Elegancia Hecha Fútbol

Orígenes y Llegada al Real Madrid

Fernando Carlos Redondo Neri, nacido el 6 de junio de 1969 en Adrogué, Argentina, comenzó su carrera en el fútbol con Argentinos Juniors, antes de hacerse un nombre en el Tenerife de España. Su desempeño en la Liga española captó la atención del Real Madrid, que lo fichó en 1994. Su llegada al club marcó el inicio de una era memorable en la que Redondo se convirtió en sinónimo de clase y maestría en el mediocampo.

Maestro del Mediocampo

En el Real Madrid, Redondo se estableció como uno de los mejores mediocampistas defensivos del mundo. Su habilidad para recuperar el balón, junto con su visión de juego y su capacidad para dirigir el juego desde el centro del campo, fueron fundamentales para el equipo. Conocido por su elegancia, control del balón y pases precisos, Redondo personificaba la gracia en el campo, moviéndose con una destreza que parecía casi coreografiada.

Logros y Momentos Clave

Redondo fue instrumental en la consecución de numerosos títulos con el Real Madrid, incluidos dos trofeos de la Liga de Campeones de la UEFA (1998, 2000) y dos títulos de La Liga (1995, 1997). Uno de sus momentos más emblemáticos ocurrió en la Liga de Campeones de 2000, cuando realizó una jugada magistral contra el Manchester United, driblando a un defensor con un taconazo que condujo a un gol crucial, demostrando su creatividad y su ingenio en el campo.

Respeto y Admiración

Redondo era altamente respetado por compañeros de equipo, entrenadores y aficionados, no solo por su indiscutible talento sino también por su profesionalismo, liderazgo y humildad. Su influencia en el Real Madrid trascendió los títulos, dejando un legado de compromiso y excelencia deportiva.

Más Allá de Madrid

A pesar de su éxito en el Real Madrid, la carrera de Redondo estuvo marcada por lesiones que limitaron su tiempo en el campo. En 2000, se trasladó al AC Milan, donde, a pesar de los desafíos físicos, continuó demostrando su clase en ocasiones. Tras su retirada, Redondo ha mantenido un perfil bajo, alejado de los reflectores, pero su impacto en el fútbol sigue siendo recordado y celebrado.

Fernando Redondo se mantiene en la memoria colectiva como uno de los mediocampistas más elegantes y talentosos que haya vestido la camiseta del Real Madrid. Su juego representó una combinación perfecta de técnica, inteligencia y gracia, cualidades que lo convirtieron en un verdadero artista del fútbol y en un ícono eterno para los aficionados del club y del deporte.

Predrag Mijatović: El Héroe de la Séptima

Orígenes y Carrera Antes del Real Madrid

Predrag Mijatović, nacido el 19 de enero de 1969 en Titograd, Montenegro (entonces parte de Yugoslavia), comenzó su carrera profesional en el Buducnost Podgorica antes de destacarse en el Partizan Belgrado. Posteriormente, brilló en la Liga española con el Valencia CF, donde su habilidad goleadora y su técnica le ganaron el reconocimiento internacional y eventualmente un traspaso al Real Madrid en 1996.

Llegada al Real Madrid

La llegada de Mijatović al Real Madrid coincidió con un período de renovación y ambición en el club. Su reputación como un delantero letal y versátil precedió su incorporación al equipo, generando grandes expectativas sobre su impacto en el frente de ataque madridista.

La Séptima Copa de Europa

Mijatović pasó a la historia del Real Madrid por su papel decisivo en la final de la Liga de Campeones de la UEFA de 1998 contra la Juventus. Su gol en el minuto 66 rompió un empate sin goles y aseguró la victoria por 1-0, otorgando al Real Madrid su séptima Copa de Europa y la primera en 32 años. Ese momento se convirtió en uno de los más icónicos en la historia del club, terminando años de espera y desesperación por reconquistar el trono europeo.

Impacto y Legado

Durante su tiempo en el Real Madrid, Mijatović demostró ser un jugador clave en momentos cruciales, contribuyendo no solo con goles importantes sino también con su experiencia y liderazgo en el campo. Aunque su estancia en el club no fue larga, su contribución fue significativa, dejando un legado duradero a través de su papel en la consecución de la Séptima.

Carrera Posterior y Vida Después del Fútbol

Tras dejar el Real Madrid, Mijatović continuó su carrera en el fútbol italiano antes de retirarse. Después del retiro, ha ocupado varios roles, incluyendo el de director deportivo, donde ha aplicado su vasta experiencia y conocimiento del juego.

Predrag Mijatović se mantiene en el recuerdo de los aficionados del Real Madrid no solo por su gol en la final de 1998 sino también por su técnica, su capacidad para decidir partidos y su compromiso con el club. Su gol en Ámsterdam es un momento congelado en el tiempo, un instante que representa el fin de una larga sequía y el inicio de una nueva era de éxito en Europa para el Real Madrid.

Ignacio Zoco: El Pilar Defensivo

Orígenes y Carrera Temprana

Ignacio Zoco Esparza, nacido el 31 de julio de 1939 en Garde, Navarra, España, comenzó su carrera en el fútbol en Osasuna, antes de hacer el trascendental salto al Real Madrid en 1962. Zoco se estableció rápidamente como un pilar defensivo en el equipo, conocido por su solidez, fiabilidad y habilidad para recuperar y distribuir el balón con precisión.

Contribuciones al Real Madrid

Durante su estancia en el Real Madrid, Zoco fue parte integral de un equipo que dominó tanto el fútbol nacional como europeo. Su versatilidad le permitió desempeñarse tanto en la defensa como en el mediocampo, proporcionando una presencia calmada y experimentada que fue fundamental en momentos críticos de los partidos.

Logros y Éxitos

Ignacio Zoco ayudó al Real Madrid a conquistar numerosos títulos, incluidos 7 títulos de La Liga y 1 Copa de Europa, entre otros trofeos nacionales e internacionales. Su contribución no siempre capturó los titulares como la de sus compañeros más ofensivos, pero su importancia para el equipo fue incuestionable.

Carrera Internacional

Zoco también tuvo una distinguida carrera internacional con la selección española, representando a su país en la Copa del Mundo de la FIFA en 1966 y siendo parte del equipo que ganó el Campeonato Europeo de la UEFA en 1964. Su liderazgo y rendimiento en el campo contribuyeron significativamente al éxito de la selección nacional.

Legado y Reconocimiento

El legado de Ignacio Zoco en el Real Madrid y en el fútbol español es el de un jugador cuyo compromiso, liderazgo y habilidades defensivas lo establecieron como uno de los grandes del juego. A pesar de retirarse hace décadas, su influencia en el club y su ejemplo como deportista siguen siendo recordados y respetados.

Zoco falleció el 28 de septiembre de 2015, dejando tras de sí una carrera que se caracterizó por la excelencia, la consistencia y el profesionalismo. Fue un verdadero caballero del deporte, recordado tanto por su calidad en el campo como por su integridad fuera de él.

Ignacio Zoco permanece en la memoria de los aficionados del Real Madrid como un ejemplo de dedicación y solidez defensiva. Su carrera en el club es un testimonio del impacto que un jugador puede tener, no solo a través de habilidades técnicas, sino también con liderazgo y un compromiso inquebrantable con el equipo.

José Santamaría: El Muro de Montevideo

Orígenes y Trayectoria Inicial

José Emilio Santamaría Iglesias, conocido como José Santamaría, nació el 31 de julio de 1929 en Montevideo, Uruguay. Comenzó su carrera en el Club Nacional de Football, donde se estableció como uno de los defensores más sólidos de Sudamérica. Su éxito en Uruguay no tardó en cruzar el Atlántico, captando la atención del Real Madrid, que lo fichó en 1957.

Fortaleza Defensiva en el Real Madrid

Santamaría se incorporó al Real Madrid en una época de dominio europeo del club. Se integró perfectamente en la defensa, aportando una mezcla de fuerza física, inteligencia táctica y habilidades defensivas excepcionales. Su presencia en el centro de la defensa fue fundamental para el Real Madrid durante esta época dorada, contribuyendo a que el equipo mantuviera su estatus como la mejor escuadra de Europa.

Logros y Éxitos

Durante su estancia en el Real Madrid, Santamaría ayudó al club a conquistar numerosos títulos, incluidos 4 Copas de Europa, 6 títulos de La Liga y 1 Copa Intercontinental. Fue un pilar en la defensa madridista, enfrentándose y neutralizando a algunos de los delanteros más formidables de la época.

Carrera Internacional y Dualidad

Único en su carrera internacional, Santamaría representó a dos selecciones nacionales: Uruguay y España. Jugó para Uruguay en la Copa del Mundo de la FIFA de 1954 y posteriormente se vistió con la camiseta de España, participando en la Eurocopa de 1964 y la Copa del Mundo de 1962. Esta dualidad destacó su calidad universal como defensor y su impacto en el fútbol internacional.

Legado y Reconocimiento

José Santamaría es recordado como uno de los defensores más destacados de su generación y una leyenda tanto en el Real Madrid como en el fútbol mundial. Su estilo de juego, caracterizado por la elegancia, la firmeza y una comprensión profunda de la táctica defensiva, dejó una huella indeleble en el club.

Tras retirarse del fútbol, Santamaría continuó su relación con el deporte, asumiendo roles de entrenador y contribuyendo al desarrollo de futuras generaciones de futbolistas.

José Santamaría, "El Muro de Montevideo", sigue siendo un modelo a seguir para los defensores modernos, un testimonio de que la verdadera grandeza en el fútbol se logra con dedicación, inteligencia y un compromiso inquebrantable con la excelencia. Su legado en el Real Madrid es una historia de éxito, liderazgo y una defensa impenetrable que contribuyó a algunos de los capítulos más gloriosos en la historia del club.

Miguel Muñoz: De Jugador Legendario a Entrenador Emblemático

Orígenes y Trayectoria como Jugador

Miguel Muñoz Mozún, nacido el 19 de enero de 1922 en Madrid, España, inició su carrera futbolística en el Logroñés antes de pasar por el Celta de Vigo y finalmente unirse al Real Madrid en 1948. Como mediocampista, Muñoz se destacó por su visión de juego, liderazgo y tenacidad en el campo, convirtiéndose en una pieza clave del equipo durante una década. Participó activamente en la consecución de dos Ligas de Campeones de la UEFA, cuatro títulos de La Liga y una Copa Latina, dejando un legado indeleble como jugador.

Transición a Entrenador

Tras colgar las botas en 1958, Muñoz no tardó en asumir el rol de entrenador, tomando las riendas del primer equipo del Real Madrid en 1959. Su transición de jugador a entrenador fue fluida, marcada por un profundo conocimiento del club y un innato sentido táctico.

Era Dorada bajo su Mando

Bajo la dirección técnica de Muñoz, el Real Madrid vivió una de sus épocas más gloriosas, extendiendo su dominio tanto en España como en Europa. Ganó 9 títulos de La Liga y 2 Copas de Europa, entre otros trofeos, consolidando al Madrid como un coloso del fútbol mundial. Su mandato, que duró hasta 1974, sigue siendo el más largo y uno de los más exitosos en la historia del club.

Filosofía y Legado

Muñoz es recordado por su rigurosa disciplina táctica, su habilidad para gestionar grandes estrellas y su enfoque en un fútbol ofensivo pero equilibrado. Fue un pionero en muchos aspectos, implementando entrenamientos innovadores y promoviendo una ética de trabajo que se convirtió en el estándar en el Real Madrid.

Impacto más allá del Real Madrid

Además de sus logros con el Real Madrid, Muñoz tuvo una destacada carrera como seleccionador nacional de España, llevando al equipo a la final de la Eurocopa de 1984. Su influencia en el fútbol español es profunda, habiendo contribuido significativamente al desarrollo táctico y técnico del juego en el país.

Miguel Muñoz no solo es una figura icónica en la historia del Real Madrid por sus contribuciones como jugador y entrenador, sino también por su influencia en el fútbol español en general. Su visión y liderazgo dejaron un legado que trasciende generaciones, recordándonos la importancia de la adaptabilidad, la innovación y el compromiso con la excelencia.

Juan Gómez González "Juanito": El Espíritu Incansable

Orígenes y Primeros Pasos

Juan Gómez González, conocido cariñosamente por todos como "Juanito", nació el 10 de noviembre de 1954 en Fuengirola, Málaga, España. Comenzó su carrera en el Burgos CF antes de unirse al Real Madrid en 1977, marcando el comienzo de una era memorable que lo vería convertirse en uno de los jugadores más queridos y emblemáticos del club.

Corazón de León

Juanito se distinguió por su tenacidad, habilidad técnica y, sobre todo, su pasión y compromiso en el campo. Su estilo de juego era vibrante y emocional, capturando el corazón de los aficionados del Real Madrid. Su famosa frase "90 minuti en el Bernabéu son molto longo" se convirtió en un lema para el club, simbolizando la lucha hasta el último minuto y la fe inquebrantable en la posibilidad de la victoria.

Logros y Reconocimientos

Durante su tiempo en el Real Madrid, Juanito ayudó al equipo a ganar 5 títulos de La Liga, 2 Copas del Rey y 2 Copas de la UEFA. Aunque sus logros en el campo fueron impresionantes, fue su actitud indomable y su conexión emocional con los aficionados lo que verdaderamente definió su legado.

Momentos Emblemáticos

Uno de los momentos más recordados de Juanito ocurrió en la remontada del Real Madrid contra el Inter de Milán en la Copa de la UEFA de 1985. Después de perder el partido de ida, Juanito inspiró al equipo a una victoria épica en el partido de vuelta, demostrando su liderazgo y su espíritu de lucha.

Tragedia y Recuerdo

La carrera de Juanito se vio marcada por altibajos, incluyendo controversias dentro y fuera del campo. Sin embargo, su trágica muerte en un accidente automovilístico en 1992, a la edad de 37 años, conmocionó al mundo del fútbol y en especial a la comunidad madridista. El Real Madrid y sus aficionados continúan rindiendo homenaje a su memoria, recordando su pasión, su entrega y su amor incondicional por el club.

Legado Perenne

La figura de Juanito encarna el espíritu de lucha y la pasión por el Real Madrid. Años después de su fallecimiento, los aficionados siguen cantando su nombre en el minuto 7 de cada partido en el Santiago Bernabéu, un tributo a su número de camiseta y su impacto eterno en el club.

Juan Gómez González "Juanito" sigue siendo una leyenda del Real Madrid, no solo por lo que logró en el campo, sino por cómo vivió su vida y cómo inspiró a aquellos a su alrededor. Su historia es un recordatorio del poder del fútbol para unir a las personas, encender pasiones y dejar una marca imborrable tanto en el corazón de los aficionados como en la historia del club.

Amancio Amaro: El Mago Gallego

Orígenes y Primeros Pasos

Amancio Amaro Varela, nacido el 16 de octubre de 1939 en A Coruña, Galicia, España, comenzó su carrera en el fútbol en el Deportivo de La Coruña antes de hacer el salto al Real Madrid en 1962. Su llegada al club blanco marcó el inicio de una era en la que Amancio se establecería como uno de los extremos más talentosos y queridos en la historia del Real Madrid.

Destreza en la Banda

Amancio se destacó por su increíble habilidad para driblar, su velocidad y su precisión en los centros y disparos. Conocido como "El Brujo", su capacidad para deshacerse de los defensores y crear oportunidades de gol era nada menos que mágica. Fue un jugador clave en la banda derecha, donde sus jugadas y goles se convirtieron en una fuente constante de peligro para los equipos rivales.

Logros y Contribuciones

Durante su tiempo en el Real Madrid, Amancio ayudó al equipo a conquistar 9 títulos de La Liga, 3 Copas del Rey y 1 Copa de Europa, entre otros trofeos. Fue parte integral del equipo que ganó la Sexta Copa de Europa del club en 1966, consolidando su lugar en la historia del fútbol europeo.

Carrera Internacional

A nivel internacional, Amancio representó a España en 42 ocasiones, incluyendo su participación en la Copa del Mundo de la FIFA de 1966. Su talento y habilidad también brillaron en el escenario internacional, donde demostró ser un jugador de clase mundial.

Legado y Reconocimiento

Amancio es recordado como uno de los jugadores más técnicamente dotados y emocionantes de su generación. Su legado en el Real Madrid es el de un jugador que encarnaba la creatividad, la habilidad y la pasión por el fútbol. Después de retirarse como jugador, Amancio siguió vinculado al Real Madrid y al fútbol español en diversas capacidades, incluyendo roles como entrenador y directivo.

Homenaje y Memoria

El impacto de Amancio en el Real Madrid y en el fútbol español ha sido celebrado a lo largo de los años, y su contribución al deporte sigue siendo recordada y homenajeada por los aficionados del club. Su juego elegante, su dedicación al Real Madrid y su carisma fuera del campo lo han convertido en una figura legendaria y respetada.

Amancio Amaro sigue siendo una figura emblemática en la rica historia del Real Madrid, un jugador cuya magia y talento en el campo deleitaron a generaciones de aficionados. Su historia es un testimonio de la habilidad, la pasión y el compromiso que definen a las verdaderas leyendas del fútbol.

Santillana: El Rey del Aire

Orígenes y Desarrollo

Carlos Alonso González, conocido popularmente como Santillana, nacido el 23 de agosto de 1952 en Santillana del Mar, Cantabria, España, inició su carrera en el Racing de Santander antes de unirse al Real Madrid en 1971. Esta transferencia marcó el comienzo de una destacada trayectoria en el club, donde Santillana se convertiría en uno de los delanteros más emblemáticos de su era.

Maestría en el Juego Aéreo

Santillana fue célebre por su habilidad extraordinaria en el juego aéreo, combinando un impecable sentido de la posición con un salto y un cabezazo potentes y precisos. Esta capacidad le permitió marcar goles decisivos y convertirse en una constante amenaza para las defensas rivales, especialmente en situaciones de balón parado.

Logros y Éxitos

A lo largo de su carrera en el Real Madrid, Santillana contribuyó significativamente a la conquista de 9 títulos de La Liga, 4 Copas del Rey, y 2 Copas de la UEFA, entre otros trofeos. Su presencia en el campo fue sinónimo de lucha y entrega, características que lo convirtieron en un favorito de la afición madridista.

Momentos Emblemáticos

Uno de los momentos más recordados de Santillana fue su participación crucial en las semifinales de la Copa de la UEFA 1984-85 contra el Inter de Milán, donde su gol en el último minuto forzó la prórroga y eventualmente ayudó al Real Madrid a avanzar a la final, que ganaría para asegurar el trofeo.

Carrera Internacional

Santillana también tuvo una notable carrera internacional con la selección española, representándola en dos Copas del Mundo de la FIFA (1978 y 1982) y en la Eurocopa 1980. Aunque España no logró grandes éxitos en estos torneos, Santillana siempre fue un jugador clave debido a su compromiso y habilidad goleadora.

Legado y Homenaje

El legado de Santillana en el Real Madrid es el de un delantero incansable, cuya habilidad en el aire y compromiso con el equipo le valieron un lugar especial en la historia del club. Años después de su retiro, sigue siendo recordado y admirado por su profesionalismo, su espíritu deportivo y su contribución al legado del Real Madrid.

Santillana, el Rey del Aire, dejó una huella indeleble en el Real Madrid y en el fútbol español, no solo por los goles que marcó sino también por la forma en que jugó el juego: con pasión, entrega y una habilidad aérea incomparable. Su historia en el club es una inspiración para futuras generaciones, un ejemplo de dedicación y amor por el fútbol.

Guti: El Arquitecto del Mediocampo

Orígenes y Ascenso

José María Gutiérrez Hernández, conocido simplemente como Guti, nació el 31 de octubre de 1976 en Torrejón de Ardoz, Madrid, España. Emergiendo de las categorías inferiores del Real Madrid, Guti se convirtió en uno de los talentos más emocionantes del fútbol español, debutando con el primer equipo en 1995. Su carrera en el club abarcó más de una década, durante la cual se estableció como un mediocampista creativo y versátil.

Habilidades y Características

Guti era conocido por su visión de juego excepcional, su habilidad para entregar pases precisos y su capacidad para marcar goles desde el mediocampo. Aunque a veces se le criticaba por su inconsistencia, en su mejor momento, Guti podía cambiar el curso de un partido con un solo toque o pase. Su estilo de juego era sinónimo de creatividad y elegancia, haciendo de él un favorito entre los aficionados.

Logros y Contribuciones

Durante su tiempo en el Real Madrid, Guti ayudó al equipo a ganar 5 títulos de La Liga, 3 Ligas de Campeones de la UEFA, y 4 Supercopas de España, entre otros trofeos. Fue un jugador clave en varias de estas conquistas, contribuyendo con momentos mágicos que quedaron grabados en la memoria de los seguidores del club.

Momentos Emblemáticos

Uno de los momentos más recordados de Guti en el Real Madrid fue su audaz asistencia de tacón a Benzema contra el Deportivo La Coruña en 2010, una jugada que demostró su creatividad y su audacia en el campo. Este tipo de momentos resaltaban su genialidad y su disposición a tomar riesgos para crear oportunidades.

Carrera Internacional y Más Allá

Aunque la carrera internacional de Guti con la selección española no fue tan destacada como su trayectoria en el club, representó a España en varias ocasiones, participando en competiciones importantes. Tras retirarse como jugador, Guti se ha dedicado a entrenar, comenzando con las categorías inferiores del Real Madrid antes de explorar oportunidades en otros equipos.

Legado

Guti es recordado no solo por su talento y sus logros en el Real Madrid, sino también por su estilo único de juego. Para muchos aficionados y observadores del fútbol, representa una era del fútbol español donde la creatividad y la técnica eran celebradas. Su legado en el Real Madrid es el de un jugador que, en su mejor momento, personificaba la magia que es posible en el fútbol.

Guti sigue siendo una figura admirada en el Real Madrid, recordado por su habilidad para crear momentos de pura magia en el campo. Su carrera en el club refleja la importancia de la creatividad, la visión y el coraje, cualidades que lo establecieron como uno de los mediocampistas más talentosos de su generación.

Luís Figo: El Talento que Cruzó la Línea

Orígenes y Trayectoria Inicial

Luís Filipe Madeira Caeiro Figo, nacido el 4 de noviembre de 1972 en Almada, Portugal, es uno de los futbolistas más talentosos de su generación. Antes de unirse al Real Madrid, Figo se había establecido como una estrella en el Sporting CP y luego en el FC Barcelona, donde se convirtió en uno de los jugadores más queridos y respetados.

Llegada al Real Madrid

El traspaso de Figo al Real Madrid en el verano del 2000 se convirtió en uno de los momentos más controvertidos y comentados de la historia del fútbol. Su fichaje, por entonces un récord mundial, no solo reforzó al equipo blanco, sino que también inició la era de los "Galácticos" bajo la presidencia de Florentino Pérez.

Impacto y Contribuciones

En el Real Madrid, Figo demostró rápidamente por qué el club había invertido tanto en él. Su habilidad para desbordar por la banda, junto con su precisión en centros y disparos, lo convirtió en una pieza clave del equipo. Su técnica, visión de juego y capacidad para marcar goles importantes ayudaron al Real Madrid a conquistar varios títulos, incluidos 2 títulos de La Liga y 1 Liga de Campeones de la UEFA.

Legado y Reconocimiento

A pesar de la controversia que rodeó su traspaso, el legado de Figo en el Real Madrid es el de un jugador excepcionalmente talentoso que contribuyó significativamente al éxito del equipo. Fue galardonado con el Balón de Oro en 2000, reconociendo su estatus como uno de los mejores futbolistas del mundo.

Carrera Internacional y Más Allá

A nivel internacional, Figo es uno de los jugadores más destacados en la historia de la selección portuguesa, liderando a su país en varias competiciones importantes, incluida la Eurocopa 2004, donde Portugal alcanzó la final. Después de dejar el Real Madrid, continuó su carrera en el Inter de Milán antes de retirarse del fútbol profesional.

Luís Figo es recordado tanto por su contribución al fútbol en el campo como por el impacto de su traspaso fuera de él. Su habilidad técnica, liderazgo y carácter en momentos críticos dejaron una huella imborrable en el Real Madrid, convirtiéndolo en una figura icónica de una era definida tanto por el talento en el campo como por los movimientos estratégicos fuera de él.

Robinho: La Promesa Brasileña

Orígenes y Primeros Pasos

Robson de Souza, más conocido como Robinho, nació el 25 de enero de 1984 en São Vicente, Brasil. Emergió como una de las promesas más emocionantes del fútbol brasileño desde sus inicios en el Santos FC, donde su habilidad, regate y velocidad lo catapultaron a la fama. Con una técnica impresionante y una capacidad de juego que recordaba a la de Pelé, Robinho rápidamente se convirtió en objeto de deseo para los clubes europeos.

Llegada al Real Madrid

En 2005, Robinho se unió al Real Madrid en una transferencia muy esperada. Su llegada al club blanco fue recibida con gran entusiasmo, ya que se esperaba que aportara un nuevo dinamismo al ataque del equipo. En el Madrid, Robinho mostró destellos de su extraordinario talento, combinando su velocidad y habilidad para el dribbling con una capacidad innata para encontrar el fondo de la red.

Trayectoria en el Real Madrid

Durante su estancia en el Real Madrid, Robinho contribuyó al equipo con momentos mágicos, aunque su carrera en el club tuvo altibajos. Ganó dos títulos de La Liga y se destacó en varias actuaciones memorables que demostraron su habilidad para cambiar el curso de un partido. Sin embargo, su tiempo en Madrid también estuvo marcado por inconsistencias y la búsqueda de un rol más definido en el equipo.

Salida y Carrera Posterior

Robinho dejó el Real Madrid en 2008 para unirse al Manchester City en una de las transferencias más impactantes de ese verano. Aunque su carrera no alcanzó las alturas que muchos predijeron cuando irrumpió en la escena mundial, Robinho disfrutó de períodos exitosos en el AC Milan, volvió al Santos en préstamo, y continuó su carrera en varios clubes alrededor del mundo.

Legado y Reconocimiento

El legado de Robinho en el Real Madrid es complejo. A pesar de no haber cumplido todas las expectativas, dejó una marca imborrable con su estilo de juego alegre y su capacidad para entusiasmar a los aficionados con su pura habilidad futbolística. Su carrera en el Madrid es recordada por los momentos de brillantez que ofreció, aunque muchos sienten que solo vimos destellos de su verdadero potencial.

Robinho permanece en la memoria de los aficionados del Real Madrid como un jugador cuya promesa y talento eran casi ilimitados. En sus mejores momentos, encapsuló la alegría y la creatividad del fútbol, recordándonos el placer que este juego puede brindar.

Pepe: El Guerrero Incansable

Orígenes y Carrera Temprana

Képler Laveran Lima Ferreira, conocido universalmente como Pepe, nació el 26 de febrero de 1983 en Maceió, Brasil, pero se nacionalizó portugués, representando a Portugal en numerosas competiciones internacionales. Antes de unirse al Real Madrid, Pepe se destacó en el FC Porto, donde su solidez defensiva, agresividad y habilidad en el juego aéreo llamaron la atención de los grandes clubes europeos.

Llegada al Real Madrid

Pepe se unió al Real Madrid en 2007, y rápidamente se estableció como uno de los defensores centrales más dominantes de Europa. En el Madrid, Pepe se convirtió en sinónimo de intensidad, entrega total en el campo y una dedicación inquebrantable a la causa del equipo. Su pasión por el juego y su compromiso con el club lo convirtieron en uno de los favoritos de la afición madridista.

Trayectoria en el Real Madrid

Durante su tiempo en el Real Madrid, Pepe fue pieza clave en la defensa del equipo, ayudando a ganar múltiples títulos, incluidos 3 Ligas de Campeones de la UEFA y 3 títulos de La Liga. Su combinación de fuerza física, inteligencia táctica y habilidad para realizar intervenciones cruciales lo distinguieron como un defensor de clase mundial.

Momentos Emblemáticos

Uno de los momentos más destacados de la carrera de Pepe en el Real Madrid fue su actuación en las finales de la Liga de Campeones, donde su liderazgo defensivo fue vital para el éxito del equipo. A pesar de las controversias por su temperamento en el campo, la contribución de Pepe al Real Madrid es indiscutible, demostrando una y otra vez su valor en los partidos clave.

Salida y Carrera Posterior

Pepe dejó el Real Madrid en 2017, tras diez temporadas de servicio al club. Posteriormente, continuó su carrera en el Beşiktaş J.K. antes de regresar al FC Porto, donde sigue demostrando su calidad defensiva y su experiencia. A nivel internacional, Pepe ha sido un pilar para la selección portuguesa, representando a su país en varias Eurocopas y Copas del Mundo de la FIFA.

Legado y Reconocimiento

El legado de Pepe en el Real Madrid es el de un guerrero en

el sentido más verdadero de la palabra. Su intensidad en el campo, junto con su habilidad para elevar su juego en momentos cruciales, lo convierten en uno de los defensores más respetados y recordados en la historia reciente del club. Pepe personifica la lucha y el espíritu incansable que a menudo se asocia con los más grandes defensores del fútbol.

Pepe, con su estilo de juego apasionado y su compromiso inquebrantable, dejó una marca imborrable en el Real Madrid. A pesar de los desafíos y las controversias, su contribución al club, especialmente en competiciones europeas, resalta la importancia de la tenacidad, la dedicación y el coraje en el más alto nivel del fútbol.

Marcelo: La Sonrisa del Real Madrid

Orígenes y Trayectoria Temprana

Marcelo Vieira da Silva Júnior, simplemente conocido como Marcelo, nació el 12 de mayo de 1988 en Río de Janeiro, Brasil. Comenzó su carrera en el Fluminense, donde su talento como lateral izquierdo no tardó en llamar la atención de los clubes europeos. Marcelo se unió al Real Madrid en enero de 2007, recomendado como el sucesor natural de Roberto Carlos, otro legendario lateral brasileño del club.

Impacto Inmediato y Desarrollo

Desde su llegada, Marcelo se convirtió en un pilar del equipo, conocido por su habilidad técnica, velocidad, y capacidad para contribuir tanto en defensa como en ataque. Su estilo de juego ofensivo, combinado con una técnica impecable y una capacidad innata para realizar centros precisos y participar en jugadas de gol, lo establecieron como uno de los mejores laterales izquierdos del mundo.

Logros y Contribuciones

A lo largo de su carrera en el Real Madrid, Marcelo ha sido parte integral de una era dorada, contribuyendo a la conquista de numerosos títulos, incluidos 4 Ligas de Campeones de la UEFA, 5 títulos de La Liga, y varias Copas del Rey, entre otros. Ha sido vicecapitán del equipo y un líder dentro y fuera del campo, admirado tanto por compañeros como por rivales.

Momentos Emblemáticos

Marcelo ha tenido innumerables momentos destacados con el Real Madrid, pero su contribución en las finales de la Liga de Campeones y su capacidad para elevar su rendimiento en los partidos cruciales resaltan particularmente. Su gol en la final de la Liga de Campeones de 2014 aseguró el camino hacia la "Décima" copa europea del club, un momento histórico para el Real Madrid.

Legado y Reconocimiento

Marcelo será recordado no solo por sus habilidades futbolísticas sino también por su carisma y su sonrisa contagiosa, que lo han convertido en uno de los jugadores más queridos por los aficionados del Real Madrid. Su legado en el club no solo se mide en títulos y actuaciones, sino también en el impacto positivo que ha tenido en el equipo y en la comunidad.

Más Allá del Madrid

A nivel internacional, Marcelo ha representado a Brasil en múltiples torneos importantes, incluyendo Copas del Mundo y Copas América, llevando su talento y alegría al escenario mundial. Aunque su tiempo en el Real Madrid pueda estar acercándose a su fin, su influencia en el club y en el fútbol mundial perdurará.

Marcelo simboliza la alegría de jugar al fútbol, combinando un talento excepcional con un espíritu inquebrantable. Su carrera en el Real Madrid es un testimonio de dedicación, habilidad y la capacidad de inspirar a aquellos a su alrededor, haciéndolo uno de los jugadores más emblemáticos de su generación.

Sami Khedira: El Motor Alemán

Orígenes y Desarrollo

Sami Khedira, nacido el 4 de abril de 1987 en Stuttgart, Alemania, comenzó su carrera en el VfB Stuttgart, donde desarrolló su reputación como un mediocampista central de gran energía, habilidad táctica y capacidad para controlar el ritmo del juego. Su éxito en Alemania, culminando en la victoria de la Bundesliga en 2007, y su destacada actuación en el Mundial de la FIFA 2010, captaron la atención del Real Madrid, que lo fichó en el verano de 2010.

Impacto en el Real Madrid

Khedira se unió al Real Madrid en una época de grandes expectativas y cambios bajo la dirección de José Mourinho. Rápidamente se estableció como una pieza clave en el mediocampo, aportando equilibrio defensivo, resistencia y una impresionante capacidad para recuperar el balón y lanzar el juego hacia adelante. Su presencia proporcionó la base para que los jugadores más creativos del equipo brillaran.

Logros y Contribuciones

Durante su estancia en el Real Madrid, Khedira ayudó al equipo a ganar numerosos títulos, incluida la ansiada "Décima" Liga de Campeones de la UEFA en 2014, así como La Liga en 2012 y dos Copas del Rey. Su estilo de juego, a menudo subestimado pero vital, fue un componente crucial en el éxito del equipo durante estos años.

Carrera Internacional y Más Allá

A nivel internacional, Khedira ha sido un pilar para la selección alemana, contribuyendo significativamente a su victoria en la Copa del Mundo de la FIFA 2014 en Brasil. Después de dejar el Real Madrid en 2015, Khedira continuó su carrera en la Juventus, donde siguió cosechando éxitos tanto a nivel nacional como internacional.

Legado y Reconocimiento

El legado de Sami Khedira en el Real Madrid se caracteriza por su profesionalismo, su ética de trabajo incansable y su contribución a uno de los períodos más exitosos del club en la competición europea. Aunque no siempre acaparó los titulares como otros jugadores, su influencia en el campo fue indiscutible.

Más Allá del Fútbol

Conocido por su inteligencia dentro y fuera del campo, Khedira también ha destacado por su compromiso con causas sociales y educativas, utilizando su plataforma para marcar una diferencia positiva en la vida de los demás.

Sami Khedira será recordado por los aficionados del Real Madrid como el motor alemán que impulsó al equipo a través de sus incansables esfuerzos y su solidez táctica. Su paso por el club dejó una marca de dedicación, éxito y un legado de verdadero profesionalismo.

Mesut Özil: El Mago Alemán

Orígenes y Carrera Temprana

Mesut Özil, nacido el 15 de octubre de 1988 en Gelsenkirchen, Alemania, comenzó su carrera en el Schalke 04 antes de hacerse un nombre en el Werder Bremen. Su destacada actuación en la Copa del Mundo de la FIFA 2010 capturó la atención mundial, demostrando su habilidad como un creador de juego con una visión excepcional, habilidades de dribbling y una capacidad única para asistir a sus compañeros de equipo.

Llegada al Real Madrid

Özil se unió al Real Madrid en el verano de 2010, convirtiéndose rápidamente en un componente esencial del equipo gracias a su creatividad, inteligencia táctica y habilidad para encontrar y explotar espacios en las defensas rivales. En el Real Madrid, Özil perfeccionó su arte bajo la tutela de entrenadores como José Mourinho, contribuyendo a una época de éxito tanto en España como en Europa.

Impacto y Contribuciones

Durante su tiempo en el Real Madrid, Özil ayudó al equipo a ganar La Liga en la temporada 2011-2012, una Copa del Rey y una Supercopa de España, entre otros títulos. Fue particularmente conocido por su asociación con Cristiano Ronaldo, con quien formó una de las duplas más letales del fútbol mundial, proporcionando numerosas asistencias que se convirtieron en goles.

Carrera Internacional y Más Allá

A nivel internacional, Özil ha sido una figura clave para la selección alemana, contribuyendo a su victoria en la Copa del Mundo de la FIFA 2014 en Brasil. Tras su etapa en el Real Madrid, Özil se trasladó al Arsenal FC en 2013, donde continuó su carrera con altibajos, mostrando momentos de brillantez combinados con períodos de controversia y debate sobre su papel en el equipo.

Legado y Reconocimiento

El legado de Mesut Özil en el Real Madrid se caracteriza por su exquisita técnica, su visión de juego y su capacidad para realizar pases que pocos jugadores pueden ver, mucho menos ejecutar. Su estilo de juego, a menudo descrito como poético, dejó una impresión duradera en los aficionados y en la historia del club.

Más Allá del Fútbol

Conocido por su compromiso con diversas causas sociales

y filantrópicas, Özil ha utilizado su plataforma para destacar cuestiones de justicia social y apoyar a las comunidades necesitadas alrededor del mundo.

Mesut Özil, con su capacidad para tejer el juego como pocos en su generación, sigue siendo recordado por los aficionados del Real Madrid como un verdadero mago en el campo. Su paso por el club es recordado no solo por los títulos ganados sino también por la belleza y la creatividad de su juego, que encarnó el espíritu del fútbol arte.

Xabi Alonso: El Metrónomo del Mediocampo

Orígenes y Carrera Temprana

Xabi Alonso Olano, nacido el 25 de noviembre de 1981 en Tolosa, Guipúzcoa, España, comenzó su carrera profesional en la Real Sociedad, donde su talento como mediocampista defensivo comenzó a destacar. Tras un exitoso paso por el Liverpool FC, donde se convirtió en una figura clave y ganó la Liga de Campeones de la UEFA en 2005, Alonso se unió al Real Madrid en el verano de 2009.

Llegada al Real Madrid

En el Real Madrid, Xabi Alonso se estableció rápidamente como un pilar en el centro del campo, admirado por su visión de juego, precisión en el pase y capacidad para controlar el ritmo del partido. Su inteligencia táctica y liderazgo en el campo fueron fundamentales para el equipo durante su estancia.

Impacto y Contribuciones

Durante su tiempo en el club, Alonso ayudó al Real Madrid a ganar importantes títulos, incluida la ansiada "Décima" Liga de Campeones de la UEFA en 2014, así como La Liga en 2011-2012 y dos Copas del Rey. Su sociedad en el mediocampo con jugadores como Sami Khedira y más tarde con Luka Modric y Toni Kroos, formó una de las líneas medias más dominantes del fútbol europeo.

Carrera Internacional y Más Allá

A nivel internacional, Xabi Alonso fue un componente vital de la selección española que dominó el fútbol mundial, ganando la Eurocopa en 2008 y 2012 y la Copa del Mundo de la FIFA en 2010. Tras dejar el Real Madrid en 2014, Alonso continuó su carrera en el Bayern de Múnich antes de retirarse en 2017.

Legado y Reconocimiento

El legado de Xabi Alonso en el Real Madrid y en el fútbol es el de un mediocampista de clase mundial, cuya elegancia, precisión y visión de juego lo establecieron como uno de los mejores en su posición. Fue un modelo a seguir tanto dentro como fuera del campo, conocido por su profesionalismo y deportividad.

Más Allá del Fútbol

Tras colgar las botas, Xabi Alonso ha seguido vinculado al mundo del fútbol, iniciando su carrera como entrenador.

Su transición a este nuevo rol ha sido seguida de cerca por aficionados y expertos, quienes esperan que transmita su vasto conocimiento y experiencia a las nuevas generaciones de futbolistas.

Xabi Alonso, con su capacidad para dictar el juego y su presencia tranquila pero imponente en el campo, dejó una huella imborrable en el Real Madrid. Su contribución al club y al fútbol español será recordada como la de un verdadero maestro del mediocampo, cuya pasión por el juego se manifestó en cada pase, cada interceptación y cada liderazgo en el campo.

Isco: El Ilusionista de Málaga

Orígenes y Desarrollo

Francisco Román Alarcón Suárez, conocido como Isco, nacido el 21 de abril de 1992 en Benalmádena, Málaga, España, comenzó su carrera en las categorías inferiores del Valencia CF antes de destacar en el Málaga CF. Su habilidad técnica, visión de juego y capacidad para marcar goles desde la media distancia lo convirtieron en uno de los talentos más prometedores del fútbol español.

Llegada al Real Madrid

Isco se unió al Real Madrid en el verano de 2013, después de una temporada impresionante con el Málaga que capturó la atención de los grandes clubes europeos. En el Madrid, Isco se estableció como un mediocampista ofensivo capaz de desempeñar múltiples roles, desde un creador de juego clásico hasta un falso nueve.

Impacto y Contribuciones

Durante su estancia en el Real Madrid, Isco ha sido parte integral de un equipo que ha ganado numerosos títulos, incluidos 4 Ligas de Campeones de la UEFA, 2 títulos de La Liga y 4 Mundiales de Clubes de la FIFA, entre otros. Conocido por su capacidad para driblar en espacios reducidos, Isco ha proporcionado momentos mágicos que han deleitado a los aficionados.

Carrera Internacional

Isco también ha sido un jugador clave para la selección española, representando a su país en varias competiciones internacionales, incluida la Copa del Mundo de la FIFA y la Eurocopa. Su estilo de juego se ha considerado ideal para el tradicional "tiki-taka" español, destacándose por su habilidad para retener el balón y crear oportunidades de gol.

Legado y Reconocimiento

Aunque la carrera de Isco en el Real Madrid ha tenido sus altibajos, principalmente debido a la intensa competencia por un lugar en el once titular, su talento nunca ha sido cuestionado. Ha sido alabado por su creatividad, su habilidad para cambiar el ritmo de los partidos y su excepcional control del balón.

Más Allá del Madrid

En medio de especulaciones sobre su futuro y posibles movimientos de club, Isco continúa siendo un jugador admirado por su calidad técnica y su capacidad para producir momentos de pura magia en el campo. Su legado en el Real Madrid es el de un jugador que, en su mejor momento, personifica la belleza del fútbol con su estilo de juego ilusionista.

Isco, "El Ilusionista de Málaga", ha grabado su nombre en la historia del Real Madrid como un jugador cuya técnica y visión de juego lo han convertido en un favorito entre los aficionados. A pesar de los desafíos, su contribución al equipo en momentos clave y su habilidad para entretener y maravillar con su fútbol lo destacan como uno de los talentos más excepcionales de su generación.

Claude Makélélé: El Pionero del Pivote Moderno

Orígenes y Carrera Temprana

Claude Makélélé Sinda, nacido el 18 de febrero de 1973 en Kinshasa, Zaire (ahora República Democrática del Congo), comenzó su carrera profesional en Francia, destacándose en el Nantes antes de pasar al Olympique de Marsella y luego al Celta de Vigo en España. Su talento en el mediocampo defensivo llamó la atención del Real Madrid, que lo fichó en el año 2000.

Impacto en el Real Madrid

En el Real Madrid, Makélélé se convirtió en la piedra angular del equipo, desempeñando un papel crucial como mediocampista defensivo. Su capacidad para recuperar balones, su inteligencia táctica y su habilidad para distribuir el juego de manera efectiva lo establecieron como uno de los mejores en su posición. Aunque su trabajo a menudo pasaba desapercibido en comparación con el de sus compañeros más ofensivos, su contribución fue vital para el equilibrio y el éxito del equipo.

Logros y Contribuciones

Durante su estancia en el club, Makélélé ayudó al Real Madrid a conquistar 2 títulos de La Liga, 1 Liga de Campeones de la UEFA, una Supercopa de Europa, y 2 Supercopas de España. Su presencia en el mediocampo proporcionó la base sobre la que figuras como Zidane, Figo, y Ronaldo pudieron brillar.

Salida y Legado

La salida de Makélélé del Real Madrid en 2003 hacia el Chelsea FC se consideró controvertida en ese momento y posteriormente fue vista como un punto de inflexión para el club, destacando su importancia en el equipo. En el Chelsea, continuó demostrando su calidad y ayudó a definir el rol del mediocampista defensivo en el fútbol moderno.

El "Efecto Makélélé" se refiere a la importancia del rol defensivo en el mediocampo, un puesto que ganó en reconocimiento y valor gracias a su desempeño. La posición a menudo se asocia con él y su estilo de juego, y muchos consideran que Makélélé fue pionero en el concepto del pivote moderno en el fútbol.

Carrera Internacional y Más Allá

A nivel internacional, Makélélé representó a Francia en

numerosas ocasiones, participando en la Eurocopa y en la Copa del Mundo de la FIFA, donde su equipo alcanzó la final en 2006. Tras retirarse como jugador, ha incursionado en el ámbito del entrenamiento, transmitiendo su vasta experiencia a las nuevas generaciones.

Claude Makélélé dejó una marca indeleble en el Real Madrid y en el fútbol mundial, no solo por los títulos que ganó sino por cómo transformó la percepción del mediocampista defensivo. Su legado vive en la importancia crítica que ahora se da a la posición de pivote en equipos de todo el mundo, recordando a los aficionados y a los jugadores por igual el valor del trabajo incansable y la inteligencia táctica en el bello juego.

Iván Zamorano: La Garra Chilena

Orígenes y Trayectoria Inicial

Iván Luis Zamorano Zamora, conocido como Iván Zamorano o simplemente "Bam Bam", nació el 18 de enero de 1967 en Santiago de Chile. Su carrera profesional comenzó en Cobresal en Chile, pero fue su paso por el fútbol europeo, primero en el Sevilla FC y luego en el Real Madrid, donde dejó una marca indeleble.

Llegada al Real Madrid

Zamorano se unió al Real Madrid en 1992, en un momento en que el club buscaba volver a la cima del fútbol español y europeo. Con su espíritu incansable y habilidad goleadora, Zamorano rápidamente se convirtió en una figura clave para el equipo, demostrando ser uno de los delanteros más efectivos de su época.

Impacto y Contribuciones

Durante su tiempo en el Real Madrid, Zamorano se consagró como uno de los atacantes más temidos de La Liga, culminando con la temporada 1994-1995 cuando se coronó como máximo goleador del campeonato, ayudando al Real Madrid a conquistar el título de La Liga después de una sequía de cinco años. Su combinación de fuerza física, determinación y habilidad para finalizar dentro del área lo destacaron como un delantero completo.

Legado y Reconocimiento

El legado de Zamorano en el Real Madrid se caracteriza por su entrega total y su pasión por el juego. Fue amado por los aficionados no solo por sus goles sino también por su actitud en el campo, luchando por cada balón y nunca dando un partido por perdido. Su número "1+8", una ingeniosa solución para mantener su número 9 cuando los dorsales fijos fueron introducidos y el 9 fue asignado a otro jugador, se convirtió en un símbolo icónico de su ingenio y carisma.

Carrera Internacional y Más Allá

A nivel internacional, Zamorano fue un pilar de la selección chilena, representándola en múltiples competiciones y dejando un legado como uno de los mejores delanteros de Chile. Tras dejar el Real Madrid, continuó su carrera en el Inter de Milán y en México, antes de retirarse. Posteriormente, ha estado involucrado en diversas actividades relacionadas con el fútbol, incluyendo el trabajo como comentarista deportivo.

Iván Zamorano es recordado en el Real Madrid como un jugador que personificaba la garra y el espíritu luchador.

"Bam Bam" dejó una huella de goles, entrega y pasión, siendo siempre recordado por los aficionados como un verdadero guerrero en el campo. Su historia es una inspiración, demostrando que la determinación y el trabajo duro son tan importantes como el talento natural.

Kaká: El Elegante Número 10

Orígenes y Carrera Temprana

Ricardo Izecson dos Santos Leite, conocido mundialmente como Kaká, nació el 22 de abril de 1982 en Brasilia, Brasil. Emergió como una estrella en el São Paulo FC, donde su mezcla de velocidad, técnica y visión de juego lo estableció como uno de los talentos más prometedores de su generación. Su éxito en Brasil llevó a un traspaso al AC Milan, donde Kaká se consolidó como uno de los mejores jugadores del mundo, ganando el Balón de Oro en 2007.

Llegada al Real Madrid

En el verano de 2009, Kaká se unió al Real Madrid en un traspaso de alto perfil como parte del proyecto de los "Galácticos" de Florentino Pérez. Su llegada generó grandes expectativas, ya que los aficionados esperaban ver su magia en el Santiago Bernabéu y que liderara al equipo a la gloria tanto en España como en Europa.

Impacto y Contribuciones

En el Real Madrid, Kaká mostró destellos de su brillantez, destacándose por su habilidad para dirigir el ataque, su elegancia con el balón y su capacidad para marcar goles importantes. Sin embargo, su etapa en el club estuvo marcada por lesiones que limitaron su impacto y lo mantuvieron alejado del nivel que había demostrado en el AC Milan.

Legado y Reconocimiento

A pesar de los desafíos que enfrentó en el Real Madrid, Kaká dejó su marca con actuaciones memorables y contribuyó a la conquista de una Liga española y una Copa del Rey, entre otros títulos. Su profesionalismo, actitud positiva y momentos de pura calidad futbolística lo mantuvieron como un jugador respetado y querido por los aficionados.

Carrera Internacional y Más Allá

A nivel internacional, Kaká fue una figura clave para la selección brasileña, representando a su país en varias Copas del Mundo de la FIFA y ganando la Copa América en 2007. Tras su paso por el Real Madrid, Kaká regresó al AC Milan antes de emprender una nueva aventura en la MLS con el Orlando City, donde concluyó su carrera profesional.

Más Allá del Fútbol

Después de retirarse, Kaká ha seguido vinculado al mundo del fútbol en diversas capacidades, incluido el trabajo con organizaciones benéficas y como embajador del deporte.

Su legado como jugador se caracteriza por su clase dentro y fuera del campo, su fe y su contribución al fútbol.

Kaká será recordado en el Real Madrid por su clase, elegancia y los momentos mágicos que ofreció a los aficionados. Aunque su tiempo en el club tuvo altibajos, su legado como uno de los mediocampistas ofensivos más talentosos de su generación permanece intacto, celebrado por su gracia, su deportividad y su impacto en el fútbol mundial.

Ángel Di María: El Fideo Dinámico

Orígenes y Trayectoria Temprana

Ángel Fabián Di María, conocido como "El Fideo" por su físico esbelto, nació el 14 de febrero de 1988 en Rosario, Argentina. Después de comenzar su carrera profesional en Rosario Central, Di María se trasladó a Europa para unirse al Benfica, donde su velocidad, habilidad para el dribbling y precisión en los centros y disparos le valieron la atención de los principales clubes europeos.

Llegada al Real Madrid

En 2010, Di María se unió al Real Madrid, convirtiéndose en una parte vital del equipo bajo la dirección de José Mourinho y posteriormente de Carlo Ancelotti. Su versatilidad le permitió jugar en varias posiciones en el mediocampo y el ataque, destacándose por su incansable ética de trabajo, capacidad para asistir a sus compañeros y contribuciones goleadoras clave.

Impacto y Contribuciones

Durante su tiempo en el Real Madrid, Di María ayudó al equipo a conquistar la ansiada "Décima" Liga de Campeones de la UEFA en 2014, donde su actuación en la final fue particularmente destacada, ganando el premio al Mejor Jugador del Partido. Además, contribuyó a la obtención de una Liga española, dos Copas del Rey y una Supercopa de España.

Salida y Carrera Posterior

A pesar de su éxito, Di María dejó el Real Madrid en el verano de 2014 para unirse al Manchester United en una transferencia récord en ese momento para el club inglés. Aunque su estancia en Manchester fue breve, Di María continuó su carrera en el Paris Saint-Germain, donde ha disfrutado de un éxito considerable, ganando múltiples títulos de la Ligue 1 y alcanzando otra final de la Liga de Campeones.

Legado y Reconocimiento

El legado de Di María en el Real Madrid se caracteriza por su dinamismo, su habilidad para cambiar el curso de los partidos y su compromiso en el campo. A menudo elogiado por su creatividad y visión de juego, "El Fideo" es recordado como uno de los jugadores más emocionantes de su generación en el Bernabéu.

Más Allá del Fútbol

Conocido por su humildad y dedicación a la familia, Di María ha sido una figura inspiradora tanto dentro como fuera del campo. A nivel internacional, ha sido un componente clave de la selección argentina, participando en varias Copas del Mundo de la FIFA y ganando la Copa América en 2021.

Ángel Di María dejó una marca indeleble en el Real Madrid con su espíritu luchador, versatilidad y momentos de genialidad. Aunque su carrera ha continuado floreciendo en otros lugares, su tiempo en Madrid es recordado con cariño por los momentos mágicos que brindó a los aficionados, consolidando su estatus como uno de los talentos más excepcionales de su época.

#

Keylor Navas: El Guardián de la Portería

Orígenes y Carrera Temprana

Keylor Navas Gamboa, nacido el 15 de diciembre de 1986 en Pérez Zeledón, Costa Rica, comenzó su carrera en el Deportivo Saprissa, donde rápidamente se estableció como uno de los porteros más prometedores de Centroamérica. Tras un exitoso paso por el fútbol español con el Albacete Balompié y luego el Levante UD, donde sus actuaciones espectaculares llamaron la atención, Navas fue fichado por el Real Madrid en el verano de 2014.

Impacto en el Real Madrid

En el Real Madrid, Navas se convirtió en el guardián indiscutible de la portería durante una de las épocas más exitosas del club en la competición europea. Su agilidad, reflejos sobrenaturales y capacidad para realizar atajadas clave en momentos cruciales le ganaron el corazón de los aficionados y el respeto de sus compañeros y rivales.

Logros y Contribuciones

Durante su estancia en el Real Madrid, Navas jugó un papel crucial en la conquista de tres títulos consecutivos de la Liga de Campeones de la UEFA (2016, 2017, 2018), una hazaña histórica. Además, ayudó al equipo a ganar una Liga española, tres Supercopas de la UEFA y cuatro Mundiales de Clubes de la FIFA, entre otros trofeos.

Carrera Internacional y Más Allá

A nivel internacional, Navas ha sido un pilar para la selección de Costa Rica, liderándola a su histórica actuación en los cuartos de final de la Copa del Mundo de la FIFA 2014 en Brasil. Su excelencia en el campo ha establecido a Navas como uno de los mejores porteros del mundo.

Tras su etapa en el Real Madrid, Navas se trasladó al Paris Saint-Germain en 2019, donde ha continuado demostrando su calidad y contribuyendo al éxito del equipo tanto en Francia como en Europa.

Legado y Reconocimiento

El legado de Keylor Navas en el Real Madrid se caracteriza por su dedicación, humildad y actuaciones estelares bajo los tres palos. Su historia es una fuente de inspiración, recordando a los aficionados y a los futbolistas jóvenes que el talento, el trabajo duro y la fe pueden llevar a logros extraordinarios.

Más Allá del Fútbol

Conocido por su fuerte fe y compromiso con la comunidad, Navas utiliza su plataforma para marcar una diferencia positiva fuera del campo, involucrándose en diversas iniciativas caritativas.

Keylor Navas, con su inquebrantable espíritu y habilidades excepcionales como portero, dejó una marca imborrable en el Real Madrid y en el corazón de los aficionados. Su paso por el club se recuerda no solo por los títulos que ayudó a ganar, sino también por la pasión, el compromiso y la excelencia que mostró en cada partido.

Raphaël Varane: El Defensor Elegante

Orígenes y Carrera Temprana

Raphaël Varane, nacido el 25 de abril de 1993 en Lille, Francia, comenzó su carrera en el RC Lens, donde su combinación de velocidad, inteligencia táctica y habilidad técnica lo estableció rápidamente como uno de los defensores más prometedores de Europa. Su talento no pasó desapercibido, y en 2011, el Real Madrid lo fichó, iniciando una década de éxito y crecimiento para el joven defensor.

Impacto en el Real Madrid

Desde su llegada, Varane se convirtió en una pieza fundamental de la defensa del Real Madrid. Su capacidad para leer el juego, junto con su velocidad y fuerza en los duelos uno a uno, lo hizo indispensable para el equipo. A lo largo de los años, formó parte de una de las defensas más sólidas de Europa, primero al lado de Pepe y luego como pareja central junto a Sergio Ramos.

Logros y Contribuciones

Durante su tiempo en el Real Madrid, Varane ayudó al equipo a conquistar numerosos títulos, incluidos 4 títulos de la Liga de Campeones de la UEFA, 3 Ligas españolas, 1 Copa del Rey, 3 Supercopas de la UEFA y 4 Mundiales de Clubes de la FIFA. Fue fundamental en la consecución de las tres Ligas de Campeones consecutivas entre 2016 y 2018, una hazaña histórica en el fútbol moderno.

Carrera Internacional y Más Allá

A nivel internacional, Varane ha sido un pilar para la selección francesa, contribuyendo significativamente a su victoria en la Copa del Mundo de la FIFA 2018 en Rusia. Su liderazgo y rendimiento excepcional en el torneo reafirmaron su estatus como uno de los mejores defensores del mundo.

En el verano de 2021, Varane dejó el Real Madrid para unirse al Manchester United, buscando nuevos desafíos en la Premier League inglesa. Su partida marcó el fin de una era en el club, dejando tras de sí un legado de profesionalismo, consistencia y éxitos.

Legado y Reconocimiento

El legado de Raphaël Varane en el Real Madrid es el de un defensor que combinó elegancia con efectividad, un jugador que personificó la clase tanto dentro como fuera del campo. Su contribución al club va más allá de los trofeos, siendo un modelo a seguir para futuros defensores y un ejemplo de la excelencia en la defensa central.

Raphaël Varane dejó una huella imborrable en el Real Madrid, recordado no solo por sus logros sino también por su enfoque tranquilo pero imponente del juego defensivo. Su carrera en el club se celebra por su dedicación, su habilidad para actuar en los momentos más cruciales y su compromiso inquebrantable con el éxito del equipo.

Vinícius Júnior: La Estrella Emergente

Orígenes y Carrera Temprana

Vinícius José Paixão de Oliveira Júnior, conocido simplemente como Vinícius Júnior, nació el 12 de julio de 2000 en São Gonçalo, Brasil. Emergió como una de las joyas más prometedoras del fútbol brasileño desde sus inicios en el Flamengo, donde su velocidad, habilidad para el regate y potencial goleador capturaron la atención mundial. Su talento innato lo llevó a ser fichado por el Real Madrid en 2018, antes de cumplir 18 años, en una clara apuesta del club por asegurar a una de las futuras estrellas del fútbol.

Impacto en el Real Madrid

Desde su llegada al Real Madrid, Vinícius Júnior ha estado en un constante proceso de evolución, adaptándose al fútbol europeo y enfrentando los desafíos de jugar en uno de los clubes más grandes del mundo. A pesar de la competencia por un lugar en el equipo titular, Vinícius ha demostrado ser una pieza clave en el ataque del Real Madrid, destacándose por sus jugadas individuales, su capacidad para desbordar a los defensores y su mejora en la definición frente al arco.

Logros y Contribuciones

Aunque aún en las primeras etapas de su carrera en el Real Madrid, Vinícius ha contribuido en la conquista de títulos importantes, incluyendo La Liga y la Supercopa de España. Su progreso fue particularmente notable en la temporada 2020-2021, donde se consolidó como una amenaza ofensiva constante, marcando goles importantes y asistiendo a sus compañeros.

Carrera Internacional

A nivel internacional, Vinícius Júnior ha representado a Brasil en diversas categorías juveniles, demostrando ser una de las grandes esperanzas del fútbol brasileño. Su debut con la selección absoluta en 2019 confirmó su estatus como uno de los jóvenes talentos más emocionantes de su generación.

Legado y Futuro

Aunque aún es temprano para definir el legado completo de Vinícius Júnior en el Real Madrid, su trayectoria hasta ahora sugiere que está en camino de convertirse en una de las figuras más destacadas del club en los próximos años. Su combinación de juventud, talento y potencial lo posicionan como una estrella emergente, con la expectativa de que juegue un papel crucial en el futuro del Real Madrid.

Más Allá del Campo

Fuera del campo, Vinícius Júnior es conocido por su sonrisa contagiosa y su personalidad carismática. A pesar de su juventud, ha mostrado madurez al enfrentar críticas y elogios, manteniendo un enfoque en su desarrollo como futbolista y su contribución al equipo.

Vinícius Júnior representa la próxima generación de talento en el Real Madrid, un jugador cuyo potencial y habilidades electrificantes en el campo presagian una era emocionante para el club. Su evolución desde su llegada señala el nacimiento de una estrella que podría definir el futuro del Real Madrid en los años venideros.

Ferland Mendy: La Muralla en la Banda Izquierda

Orígenes y Carrera Temprana

Ferland Mendy, nacido el 8 de junio de 1995 en Meulan-en-Yvelines, Francia, comenzó su carrera en el Le Havre AC, destacándose en la Ligue 2 francesa. Su impresionante desempeño lo llevó al Olympique de Lyon, donde su velocidad, habilidad defensiva y capacidad para contribuir en ataque capturaron la atención de los grandes clubes europeos.

Llegada al Real Madrid

En junio de 2019, Mendy se unió al Real Madrid, firmando un contrato que lo vinculaba al club español con la tarea de fortalecer la banda izquierda de la defensa. Desde su llegada, Mendy ha demostrado ser un defensor formidable, con una notable capacidad para recuperar balones, detener ataques rivales y participar activamente en la fase ofensiva.

Impacto y Contribuciones

Ferland Mendy rápidamente se estableció como una pieza clave en la defensa del Real Madrid, ofreciendo seguridad en la banda izquierda y mostrando una notable mejora en cada partido. Su habilidad para realizar carreras ofensivas sin descuidar sus responsabilidades defensivas lo ha convertido en un lateral izquierdo moderno y completo.

Logros y Reconocimientos

En su relativamente corta estancia en el Real Madrid hasta el momento, Mendy ha contribuido a la conquista de La Liga en la temporada 2019-2020 y ha sido parte integral del equipo en la Liga de Campeones de la UEFA. Su adaptación rápida y su rendimiento constante han sido clave en momentos críticos para el equipo.

Carrera Internacional

A nivel internacional, Mendy ha representado a Francia, consolidándose como una opción confiable en la defensa. Su participación en la selección francesa refleja su creciente reputación como uno de los laterales izquierdos más prometedores de Europa.

Legado y Futuro

Aunque aún es temprano para hablar de un legado, la trayectoria de Ferland Mendy en el Real Madrid muestra señales de un futuro brillante. Su combinación de disciplina defensiva, velocidad, y técnica lo posicionan como un defensor moderno capaz de enfrentar los retos del fútbol contemporáneo.

Más Allá del Campo

Fuera del campo, Mendy es conocido por su resiliencia y determinación. Superó una grave lesión en su juventud que casi pone fin a su carrera, demostrando una notable fuerza de voluntad para superar obstáculos y alcanzar el más alto nivel en el fútbol profesional.

Ferland Mendy continúa escribiendo su historia en el Real Madrid, donde su evolución y adaptabilidad lo señalan como uno de los defensores más confiables y versátiles del equipo. Su impacto en la banda izquierda ha reforzado la defensa del club, prometiendo más éxitos y contribuciones importantes en el futuro.

Rodrygo Goes: El Futuro Brillante

Orígenes y Carrera Temprana

Rodrygo Silva de Goes, conocido simplemente como Rodrygo, nació el 9 de enero de 2001 en Osasco, Brasil. Emergió de la cantera del Santos FC, donde desde muy joven demostró ser un talento extraordinario. Con una mezcla de velocidad, técnica y una notable madurez en el campo, Rodrygo rápidamente atrajo la atención de los grandes clubes europeos.

Llegada al Real Madrid

En 2019, Rodrygo se unió al Real Madrid, siendo una de las apuestas del club por el talento joven y prometedor. Desde su llegada, ha sido visto como una parte importante del futuro del equipo, mostrando destellos de su capacidad para cambiar el curso de los partidos con su velocidad, habilidad en el regate y capacidad goleadora.

Impacto y Contribuciones

A pesar de su juventud, Rodrygo ha tenido momentos significativos con el Real Madrid, incluido un memorable hat-trick en la Liga de Campeones de la UEFA, que lo convirtió en uno de los jugadores más jóvenes en lograr tal hazaña en la competición. Ha sido utilizado tanto en el flanco como en posiciones centrales del ataque, demostrando versatilidad y un prometedor futuro.

Carrera Internacional

A nivel internacional, Rodrygo ha representado a Brasil en categorías juveniles y recibió su primera convocatoria con la selección absoluta en 2019. Su proyección sugiere que será un elemento clave para su país en los próximos años, continuando la rica tradición de futbolistas brasileños que hacen historia en el escenario mundial.

Legado y Futuro

Aunque aún está en las primeras etapas de su carrera en el Real Madrid, Rodrygo representa el futuro del club. Con el tiempo y la experiencia, se espera que se convierta en uno de los líderes del equipo y continúe la tradición de éxito del club. Su evolución es seguida de cerca por aficionados y expertos, que ven en él el potencial para ser uno de los grandes nombres del fútbol mundial.

Más Allá del Campo

Fuera del terreno de juego, Rodrygo es conocido por su carácter humilde y su dedicación al deporte. Su transición a Europa a una edad temprana ha sido manejada con madurez, mostrando una adaptabilidad y un enfoque que sugieren una larga y exitosa carrera por delante.

Rodrygo Goes ya ha dejado su marca en el Real Madrid con actuaciones que hablan de un talento excepcional y un futuro brillante. A medida que continúa desarrollándose y adaptándose al más alto nivel del fútbol, Rodrygo no solo busca seguir los pasos de los grandes brasileños que han triunfado en Europa, sino también forjar su propio legado en uno de los clubes más grandes del mundo.

Fede Valverde: El Correcaminos del Mediocampo

Orígenes y Carrera Temprana

Federico Santiago Valverde Dipetta, conocido como Fede Valverde, nació el 22 de julio de 1998 en Montevideo, Uruguay. Inició su carrera en Peñarol, donde su desempeño como mediocampista llamó la atención de scouts internacionales. Su talento innato y versatilidad en el campo lo llevaron a unirse al Real Madrid en 2016, primero siendo parte del equipo juvenil y luego del Castilla, antes de hacer su debut con el primer equipo.

Impacto en el Real Madrid

Desde su ascenso al primer equipo, Valverde se ha convertido en una pieza clave en el mediocampo del Real Madrid. Su energía incansable, capacidad para recuperar balones, habilidad en el pase y potencia de disparo lo han establecido como uno de los mediocampistas más completos de la actualidad. Su versatilidad le permite desempeñar varios roles en el centro del campo, adaptándose a las necesidades tácticas del equipo en diferentes situaciones.

Logros y Contribuciones

Valverde ha sido parte fundamental de los éxitos recientes del Real Madrid, contribuyendo a la conquista de La Liga, la Supercopa de España y la Liga de Campeones de la UEFA. Su gol en la Supercopa de España 2020 contra el Atlético de Madrid y su desempeño general en partidos clave han sido momentos destacados de su joven carrera.

Carrera Internacional

A nivel internacional, Valverde ha representado a Uruguay en diversas categorías, consolidándose como un jugador importante en la selección absoluta. Su participación en torneos internacionales como la Copa América ha demostrado su capacidad para competir al más alto nivel.

Legado y Futuro

Aunque aún es temprano para hablar de un legado, la trayectoria de Valverde en el Real Madrid muestra indicios de un futuro brillante. Conocido por su ética de trabajo, humildad y compromiso con el equipo, Valverde es visto como una pieza clave para el futuro del club. Su progreso continuo y desarrollo sugieren que jugará un papel importante en el Real Madrid y en la selección uruguaya en los próximos años.

Más Allá del Campo

Fuera del terreno de juego, Valverde es conocido por su personalidad afable y su dedicación a la familia. Su camino desde las categorías juveniles hasta convertirse en una estrella en uno de los clubes más grandes del mundo es una fuente de inspiración para jóvenes futbolistas.

Fede Valverde, con su tenacidad, habilidad y compromiso, se ha ganado el respeto y la admiración de los aficionados y compañeros de equipo. Representa el ideal del mediocampista moderno: incansable, técnico y versátil, listo para contribuir en cualquier aspecto del juego. Su futuro en el Real Madrid promete ser tan brillante como su ya impresionante inicio de carrera.

Paul Breitner: El Revolucionario del Mediocampo

Orígenes y Carrera Temprana

Paul Breitner, nacido el 5 de septiembre de 1951 en Kolbermoor, Alemania, comenzó su carrera en el Bayern de Múnich, donde se estableció como uno de los mediocampistas y defensores más talentosos de su generación. Conocido por su habilidad técnica, inteligencia táctica y compromiso político fuera del campo, Breitner se convirtió en una figura icónica del fútbol alemán en la década de 1970.

Llegada al Real Madrid

En 1974, Breitner se unió al Real Madrid, marcando el comienzo de una etapa exitosa en España. En el Real Madrid, Breitner se desempeñó principalmente en el mediocampo, donde su visión de juego, capacidad para recuperar balones y habilidad para marcar goles desde larga distancia brillaron. Fue parte crucial del equipo que conquistó títulos de La Liga y Copas del Rey durante su estancia.

Impacto y Contribuciones

Breitner fue admirado por su versatilidad, pudiendo desempeñarse tanto en defensa como en el mediocampo. Su presencia en el campo fue sinónimo de seguridad y creatividad, aportando equilibrio entre la defensa y el ataque del Real Madrid. Su capacidad para ejecutar tiros libres y su precisión en los pases contribuyeron significativamente al juego ofensivo del equipo.

Carrera Internacional y Legado

A nivel internacional, Breitner es recordado por su papel clave en la selección de Alemania Occidental, con la que ganó la Copa del Mundo de la FIFA en 1974 y fue subcampeón en 1982. Breitner es uno de los pocos jugadores que ha marcado en dos finales diferentes de la Copa del Mundo.

Tras dejar el Real Madrid en 1977, Breitner regresó al Bayern de Múnich, donde continuó su carrera exitosa antes de retirarse. Su legado en el Real Madrid y en el fútbol mundial es el de un jugador que desafiaba las convenciones, conocido tanto por su impacto dentro del campo como por su carácter fuerte e independiente fuera de él.

Más Allá del Fútbol

Fuera del campo, Breitner es conocido por su compromiso con diversas causas sociales y políticas, siendo una voz activa en temas de justicia y equidad. Su personalidad y sus convicciones lo convirtieron en una figura única en el mundo del fútbol.

Paul Breitner dejó una huella imborrable en el Real Madrid con su estilo de juego revolucionario y su compromiso con la excelencia. Su contribución al club y su influencia en el fútbol continúan siendo recordadas y celebradas por aficionados y expertos por igual.

Laurie Cunningham: El Pionero del Dribbling

Orígenes y Carrera Temprana

Laurie Cunningham, nacido el 8 de marzo de 1956 en Londres, Inglaterra, fue un futbolista que rompió barreras y trazó un camino para futuros jugadores negros en el fútbol europeo. Comenzó su carrera en el Leyton Orient, antes de hacer historia al convertirse en el primer jugador inglés en fichar por el Real Madrid en 1979, tras impresionar en el West Bromwich Albion y en la selección inglesa.

Impacto en el Real Madrid

Cunningham llegó al Real Madrid con un estilo de juego deslumbrante, caracterizado por su excepcional velocidad, habilidad para el regate y capacidad para superar defensores con una elegancia única. En una época donde el racismo aún era rampante en los estadios, Laurie no solo enfrentó estos desafíos con gracia, sino que también se ganó el corazón de los aficionados del Madrid con su talento y carisma en el campo.

Logros y Contribuciones

Durante su tiempo en el Real Madrid, Cunningham ayudó al equipo a conquistar la Liga española en la temporada 1979-1980 y dos Copas del Rey. Su habilidad en el campo abrió puertas para futuros talentos negros en Europa y dejó una marca indeleble en el club, siendo recordado como uno de los jugadores más emocionantes de su generación.

Carrera Internacional y Legado

A nivel internacional, Cunningham representó a Inglaterra en varias categorías, incluida la selección absoluta, aunque su carrera internacional no alcanzó las alturas que muchos esperaban debido a lesiones y la competencia por puestos en el equipo.

Su legado trasciende el fútbol; Cunningham es recordado como un pionero que enfrentó adversidades con determinación y dignidad, abriendo caminos y cambiando percepciones sobre los jugadores negros en el deporte.

Trágico Final

La vida de Laurie Cunningham fue trágicamente corta; falleció en un accidente automovilístico en 1989 a la edad de 33 años. Su muerte prematura conmocionó al mundo del fútbol, pero su legado continúa vivo, celebrado por su innovación en el campo y su impacto fuera de él.

Laurie Cunningham permanece en la memoria de los aficionados del Real Madrid y del fútbol en general como un jugador que desafió las convenciones y dejó un legado duradero de excelencia, valentía y pionerismo. Su carrera es un testimonio del poder del deporte para unir a las personas y desafiar las barreras sociales.

Juan Alonso: El Guardián de la Portería Histórica

Orígenes y Carrera Temprana

Juan Alonso Lachiondo, conocido en el mundo del fútbol simplemente como Juan Alonso, nació el 13 de diciembre de 1927 en Sestao, Vizcaya, España. Comenzó su carrera en el fútbol en equipos locales antes de hacerse un nombre en el Atlético de Bilbao. Su talento entre los tres palos llamó la atención del Real Madrid, donde se trasladó en 1951, iniciando así una etapa significativa tanto para él como para el club.

Impacto en el Real Madrid

Juan Alonso se convirtió en una figura clave bajo los tres palos para el Real Madrid durante una época en la que el club comenzaba a establecerse como una potencia en el fútbol español y europeo. Fue el guardián de la portería en un equipo que empezaba a forjar su leyenda, conocido por su seguridad, reflejos excepcionales y habilidad para dirigir la defensa.

Logros y Contribuciones

Durante su estancia en el Real Madrid, Alonso fue fundamental en la conquista de múltiples títulos de La Liga y contribuyó a los primeros éxitos del club en la Copa de Europa. Su presencia en la portería fue sinónimo de confianza para el equipo, ayudando a cimentar las bases de lo que sería el dominio del Real Madrid en el fútbol europeo.

Carrera Internacional

A nivel internacional, Juan Alonso representó a España, ganando varias selecciones durante su carrera. Aunque no participó en tantos partidos como otros internacionales de su época, su calidad fue reconocida en el ámbito nacional.

Legado y Reconocimiento

El legado de Juan Alonso en el Real Madrid se caracteriza por ser parte de la generación que elevó al club a la prominencia internacional. Su nombre quizás no sea tan recordado como el de otros compañeros de equipo, pero su contribución fue vital en un período formativo para el club.

Más Allá del Fútbol

Después de retirarse del fútbol profesional, Juan Alonso se mantuvo alejado del foco público, recordado por los aficionados más veteranos del Real Madrid como un portero comprometido y talentoso. Su figura representa un capítulo importante en los inicios de la era dorada del club.

Juan Alonso, a menudo un héroe no cantado en la rica historia del Real Madrid permanece como un recordatorio del valor y la importancia de cada jugador en la construcción del legado de uno de los clubes más grandes del fútbol mundial. Su carrera en la portería del Real Madrid durante sus primeros años de éxito en Europa sentó las bases para las generaciones futuras.

José Antonio Camacho: El Lateral de Hierro

Orígenes y Carrera Temprana

José Antonio Camacho Alfaro, nacido el 8 de junio de 1955 en Cieza, Murcia, España, es una figura icónica del Real Madrid y del fútbol español. Se unió al Real Madrid en 1973, proveniente del Albacete Balompié, y rápidamente se estableció como un defensor tenaz y comprometido, conocido por su agresividad, resistencia y lealtad inquebrantable al club.

Impacto en el Real Madrid

Durante su carrera en el Real Madrid, que se extendió hasta 1989, Camacho se convirtió en sinónimo de consistencia y rendimiento inquebrantable. Su habilidad para defender con solidez y contribuir en ataque le ganó el respeto de compañeros y aficionados. Fue una parte esencial del equipo que dominó el fútbol español y europeo en la década de 1980.

Logros y Contribuciones

Camacho ayudó al Real Madrid a conquistar numerosos títulos, incluyendo 9 Ligas españolas y 2 Copas de la UEFA. Su presencia en el lateral izquierdo fue una garantía de seguridad para el equipo, siendo capaz de contener a los mejores extremos del mundo con su férrea defensa.

Carrera Internacional

A nivel internacional, Camacho fue un pilar de la selección española, ganándose más de 80 internacionalidades. Participó en varios torneos importantes, incluidas las Copas del Mundo de la FIFA y las Eurocopas, donde su pasión y entrega al juego siempre estuvieron en primer plano.

Legado y Reconocimiento

El legado de Camacho en el Real Madrid es el de un guerrero incansable, cuyo nombre es recordado con gran cariño por los aficionados. Su compromiso, coraje y lealtad al club y a la camiseta lo establecen como uno de los defensores más destacados en la historia del club.

Más Allá del Fútbol

Tras colgar las botas, Camacho se ha destacado como entrenador, dirigiendo a varios equipos, incluido el Real Madrid y la selección española. Su enfoque directo y honesto, tanto en su carrera como jugador como en su etapa de entrenador, reflejan su carácter y su inquebrantable pasión por el fútbol.

José Antonio Camacho, el "Lateral de Hierro", personifica la entrega y la dedicación absoluta al deporte y al Real Madrid. Su carrera como jugador se caracterizó por la lucha constante y un amor profundo por el club, cualidades que lo convierten en una leyenda venerada por la afición madridista.

Steve McManaman: El Inglés Volador

Orígenes y Carrera Temprana

Steve McManaman, nacido el 11 de febrero de 1972 en Liverpool, Inglaterra, comenzó su carrera profesional en el Liverpool FC, donde se destacó por su habilidad técnica, su capacidad para driblar y su versatilidad en el campo. Su estilo de juego emocionante y su compromiso con el equipo lo convirtieron en uno de los favoritos de los aficionados durante su tiempo en Inglaterra.

Llegada al Real Madrid

En 1999, McManaman hizo un movimiento significativo en su carrera al unirse al Real Madrid en una transferencia gratuita, convirtiéndose en uno de los primeros ingleses en jugar para el club en la era moderna. Su llegada a España fue vista con gran expectativa, dada su reputación en la Premier League.

Impacto y Contribuciones

En el Real Madrid, McManaman se adaptó rápidamente al estilo de vida y al fútbol español, demostrando ser un jugador clave en un equipo repleto de talento. Conocido por su trabajo incansable, creatividad y habilidad para anotar goles espectaculares, contribuyó significativamente a los éxitos del equipo durante su estancia.

Logros y Reconocimientos

McManaman jugó un papel importante en la conquista de dos Ligas de Campeones de la UEFA con el Real Madrid, en 2000 y 2002, destacándose especialmente en la final de 2000 contra el Valencia, donde su actuación fue fundamental para asegurar el título. También ayudó al equipo a ganar dos títulos de La Liga, consolidando su legado en el club.

Carrera Internacional y Más Allá

A nivel internacional, McManaman representó a Inglaterra en múltiples ocasiones, participando en la Eurocopa de 1996 y en la Copa del Mundo de la FIFA 1998. Tras su etapa en el Real Madrid, continuó su carrera en el Manchester City antes de retirarse del fútbol profesional.

Legado y Reconocimiento

Steve McManaman es recordado en el Real Madrid como un jugador que rompió barreras y se convirtió en un héroe para los aficionados, demostrando que el talento y la dedicación no conocen de fronteras. Su tiempo en el club es celebrado por su contribución a uno de los períodos más exitosos en la historia reciente del Real Madrid.

Steve McManaman, el "Inglés Volador", dejó una marca imborrable en el Real Madrid con su estilo de juego único y su capacidad para conectar con compañeros de equipo y aficionados por igual. Su legado como uno de los primeros jugadores ingleses en triunfar en La Liga sigue inspirando a futuras generaciones de futbolistas.

Christian Karembeu: El Polivalente Global

Orígenes y Carrera Temprana

Christian Karembeu, nacido el 3 de diciembre de 1970 en Lifou, Nueva Caledonia, comenzó su carrera profesional en Francia, destacándose en el Nantes antes de hacer el salto al fútbol internacional. Su talento en el mediocampo, junto con su capacidad para adaptarse a diferentes roles en el campo, lo estableció como uno de los jugadores más versátiles de su generación.

Llegada al Real Madrid

Karembeu se unió al Real Madrid en 1997, donde su polivalencia y tenacidad lo convirtieron en un valioso activo para el equipo. En el Real Madrid, Karembeu no solo demostró su capacidad para desempeñarse en varias posiciones en el mediocampo, sino también su habilidad para contribuir en defensa y ataque, adaptándose a las necesidades tácticas del equipo.

Impacto y Contribuciones

Durante su estancia en el club, Karembeu ayudó al Real Madrid a conquistar la Liga de Campeones de la UEFA en 1998 y 2000, y la Copa Intercontinental en 1998, aportando su experiencia y versatilidad al equipo. Su ética de trabajo, combinada con su comprensión táctica del juego, lo hizo indispensable en momentos clave.

Carrera Internacional

A nivel internacional, Karembeu fue parte integral de la selección francesa que ganó la Copa del Mundo de la FIFA en 1998 y la Eurocopa en 2000. Su contribución al equipo nacional de Francia fue notable, destacando su capacidad para realizar transiciones rápidas entre defensa y ataque.

Legado y Reconocimiento

El legado de Christian Karembeu en el Real Madrid se caracteriza por su flexibilidad táctica y su compromiso inquebrantable con el equipo. Aunque quizás no sea el más famoso entre los galácticos, su contribución a uno de los períodos más exitosos en la historia del club es indudable.

Más Allá del Fútbol

Tras retirarse como jugador, Karembeu ha seguido vinculado al mundo del fútbol, asumiendo varios roles, desde la representación de jugadores hasta la participación en proyectos de desarrollo del fútbol. Su influencia en el fútbol sigue siendo fuerte, tanto por su carrera como jugador como por su trabajo fuera del campo.

Christian Karembeu, recordado en el Real Madrid por su versatilidad y espíritu combativo, dejó una huella en el club que trasciende las estadísticas y los títulos. Su carrera es un testimonio de cómo la adaptabilidad y el compromiso pueden llevar a un jugador a alcanzar los más altos niveles en el fútbol mundial.

Rubén de la Red: El Mediocampista de Gran Promesa

Orígenes y Carrera Temprana

Rubén de la Red Gutiérrez nació el 5 de junio de 1985 en Móstoles, España. Se formó en las categorías inferiores del Real Madrid, donde desde muy joven demostró un gran potencial como mediocampista. Su técnica, visión de juego y capacidad para marcar goles lo convirtieron rápidamente en una de las grandes promesas del fútbol español.

Ascenso al Primer Equipo

De la Red fue promovido al primer equipo del Real Madrid en la temporada 2004-2005, debutando en competiciones oficiales y mostrando destellos de su calidad. Sin embargo, para ganar experiencia y minutos de juego, fue cedido al Getafe CF, donde se convirtió en una pieza clave del equipo, ayudándolos a alcanzar históricas posiciones en La Liga y una memorable actuación en la Copa del Rey.

Regreso al Real Madrid

Tras su impresionante paso por el Getafe, Rubén de la Red regresó al Real Madrid en 2008 con grandes expectativas. Durante su breve período en el equipo antes de su prematuro retiro, demostró ser un jugador versátil y técnicamente dotado, capaz de desempeñar varias funciones en el mediocampo y contribuir tanto en defensa como en ataque.

Carrera Internacional y Prematuro Retiro

A nivel internacional, De la Red representó a España en varias categorías juveniles, culminando en su participación en la Eurocopa 2008, donde España se alzó con el título. Desafortunadamente, su carrera se vio abruptamente interrumpida por problemas de salud; un grave incidente cardiaco durante un partido en 2008 lo forzó a retirarse prematuramente del fútbol profesional.

Legado y Reconocimiento

El legado de Rubén de la Red en el Real Madrid y en el fútbol español es el de un talento excepcional cuya carrera fue cortada en su mejor momento. A pesar de su breve carrera, dejó una marca imborrable en los corazones de los aficionados por su elegancia en el campo, su compromiso y su coraje para enfrentar los desafíos.

Más Allá del Fútbol

Después de retirarse, De la Red se mantuvo vinculado al

fútbol en diversas capacidades, incluido el trabajo como entrenador en las categorías inferiores del Real Madrid. Su historia es recordada como una de gran talento y determinación, inspirando a jóvenes futbolistas a perseguir sus sueños a pesar de los obstáculos.

Rubén de la Red es recordado por los aficionados del Real Madrid como un jugador cuya carrera prometedora fue desafortunadamente acortada. Sin embargo, su impacto en el fútbol y su valiente lucha contra las adversidades lo han convertido en una figura inspiradora más allá de sus logros en el campo.

Esteban Cambiasso: El Cerebro del Mediocampo

Orígenes y Carrera Temprana

Esteban Matías Cambiasso, nacido el 18 de agosto de 1980 en Buenos Aires, Argentina, inició su carrera en Independiente antes de trasladarse a River Plate, donde empezó a destacar por su inteligencia táctica y habilidad en el mediocampo. Su versatilidad y capacidad para leer el juego lo llevaron a Europa, donde jugó para el Real Madrid en la temporada 2002-2003.

Llegada al Real Madrid

Cambiasso se unió al Real Madrid cedido por el Inter de Milán, en un acuerdo que le permitió al club español contar con un mediocampista de corte defensivo altamente calificado. Durante su breve estancia en el Bernabéu, "El Cuchu" demostró ser un jugador clave, aportando equilibrio al equipo, recuperando balones y distribuyendo el juego con precisión.

Impacto y Contribuciones

Aunque solo estuvo una temporada en el Real Madrid, Cambiasso dejó su huella ayudando al equipo a conquistar la Liga española y la Supercopa de España. Su contribución en el mediocampo fue vital, proporcionando una presencia calmada y experimentada que complementaba perfectamente a los jugadores más ofensivos del equipo.

Carrera Internacional y Más Allá

Después de su paso por el Real Madrid, Cambiasso se unió al Inter de Milán, donde se convirtió en una leyenda del club, ganando múltiples títulos, incluido el triplete histórico de la temporada 2009-2010. A nivel internacional, Cambiasso representó a Argentina en varias competiciones, siendo una pieza importante de la selección.

Legado y Reconocimiento

El legado de Cambiasso en el fútbol se caracteriza por su inteligencia táctica, liderazgo y compromiso dentro del campo. En el Real Madrid, a pesar de su corta estancia, es recordado por su profesionalismo y por ser el cerebro detrás de un mediocampo exitoso.

Más Allá del Fútbol

Tras colgar las botas, Cambiasso ha seguido vinculado al mundo del fútbol, participando en actividades de formación y análisis táctico. Su carrera es un testimonio de cómo la inteligencia y la visión de juego pueden llevar a un futbolista a alcanzar los más altos niveles de éxito.

Esteban Cambiasso, aunque brevemente, dejó una marca indeleble en el Real Madrid con su actuación en el mediocampo, demostrando que el talento y la visión estratégica son cruciales para el éxito en el fútbol moderno. Su paso por el club es recordado con aprecio por los aficionados y respetado por los expertos del deporte.

Michael Owen: El Rayo Inglés

Orígenes y Carrera Temprana

Michael Owen, nacido el 14 de diciembre de 1979 en Chester, Inglaterra, comenzó su carrera en el Liverpool FC, donde rápidamente se estableció como uno de los delanteros más prometedores y emocionantes del fútbol mundial. Su velocidad excepcional, instinto goleador y habilidad para realizar jugadas individuales lo distinguieron desde muy joven.

Llegada al Real Madrid

En el verano de 2004, Owen hizo el gran salto al Real Madrid, uniéndose a un equipo estelar que ya contaba con figuras como Zinedine Zidane, Luís Figo, Ronaldo y David Beckham. Su llegada al club blanco fue parte de la política de fichajes de galácticos del presidente Florentino Pérez, esperando que Owen aportara su velocidad y capacidad de finalización al ataque del equipo.

Impacto y Contribuciones

Durante su única temporada en el Real Madrid (2004-2005), Owen encontró una feroz competencia por un lugar en el once titular, pero logró demostrar su valía cuando se le dio la oportunidad. Marcó 13 goles en La Liga, mostrando su característica capacidad para estar en el lugar correcto en el momento correcto y su letal definición frente al arco.

Carrera Internacional y Más Allá

A nivel internacional, Owen tuvo una destacada carrera con la selección de Inglaterra, participando en varias Copas del Mundo de la FIFA y Eurocopas. Fue especialmente recordado por su impresionante gol contra Argentina en la Copa del Mundo de 1998, anunciándose al mundo como uno de los talentos más emocionantes de su generación.

Tras su paso por el Real Madrid, Owen regresó a la Premier League, donde jugó para el Newcastle United, Manchester United y Stoke City antes de retirarse.

Legado y Reconocimiento

El legado de Michael Owen en el Real Madrid es el de un talento excepcional que, a pesar de enfrentar una dura competencia, dejó su marca con cada oportunidad que tuvo. Es recordado por su profesionalismo, su capacidad de adaptación y los momentos de brillantez que ofreció durante su estancia en el club.

Más Allá del Fútbol

Después de retirarse, Owen se ha dedicado a diversas actividades, incluyendo el trabajo como comentarista y analista de fútbol, así como involucrándose en la cría de caballos de carreras.

Michael Owen, el "Rayo Inglés", aportó velocidad, inteligencia y un olfato goleador al Real Madrid en su breve pero memorable paso por el club. Su carrera refleja la trayectoria de un futbolista que, a pesar de los desafíos, siempre encontró la manera de dejar su huella en el campo.

Wesley Sneijder: El Maestro Holandés

Orígenes y Carrera Temprana

Wesley Sneijder, nacido el 9 de junio de 1984 en Utrecht, Países Bajos, emergió de la prestigiosa academia de jóvenes del Ajax, donde se hizo un nombre por su excepcional visión de juego, su capacidad para marcar goles desde fuera del área y su precisión en los pases. Estas cualidades lo establecieron como uno de los mediocampistas más talentosos de Europa.

Llegada al Real Madrid

En el verano de 2007, Sneijder se unió al Real Madrid en un momento en que el club buscaba revitalizar su plantilla con talento joven y dinámico. Su llegada fue recibida con gran expectativa, y rápidamente se convirtió en un jugador clave para el equipo, demostrando su habilidad para controlar el ritmo del juego y conectar el mediocampo con el ataque.

Impacto y Contribuciones

Durante su tiempo en el Real Madrid, Sneijder impresionó con su técnica, su capacidad para ejecutar tiros libres y su habilidad para marcar goles decisivos. Aunque su estancia en el club fue relativamente corta, jugó un papel fundamental en la conquista de La Liga en la temporada 2007-2008, aportando creatividad y una amenaza constante desde el mediocampo.

Carrera Internacional y Más Allá

A nivel internacional, Sneijder tuvo una carrera distinguida con la selección de los Países Bajos, siendo pieza clave en el equipo que alcanzó la final de la Copa del Mundo de la FIFA 2010 en Sudáfrica. Después de su paso por el Real Madrid, Sneijder continuó su carrera en el Inter de Milán, donde alcanzó el pico de su carrera, ganando el triplete (Liga, Copa y Liga de Campeones) en la temporada 2009-2010.

Legado y Reconocimiento

El legado de Wesley Sneijder en el Real Madrid se caracteriza por su maestría en el mediocampo, su compromiso en el campo y su contribución a uno de los títulos de La Liga del club. Aunque su tiempo en Madrid fue breve, dejó una impresión duradera por su calidad y su impacto en el juego.

Más Allá del Fútbol

Tras colgar las botas, Sneijder se ha mantenido vinculado al mundo del fútbol a través de diversas iniciativas, incluida la formación de jóvenes talentos y la participación en eventos benéficos y partidos de exhibición.

Wesley Sneijder, el "Maestro Holandés", es recordado en el Real Madrid por su técnica sublime, su visión de juego y su capacidad para cambiar el curso de los partidos con su talento único. Su carrera en el club, aunque corta, fue un capítulo importante en su exitosa carrera futbolística.

Arjen Robben: El Regateador Incansable

Orígenes y Carrera Temprana

Arjen Robben, nacido el 23 de enero de 1984 en Bedum, Países Bajos, comenzó su carrera en el FC Groningen antes de causar un gran impacto en el PSV Eindhoven. Su habilidad para driblar, su velocidad explosiva y su capacidad para marcar goles lo llevaron al Chelsea FC, donde continuó su ascenso como uno de los extremos más peligrosos del fútbol europeo.

Llegada al Real Madrid

En 2007, Robben se unió al Real Madrid, donde se esperaba que su talento en las bandas añadiera una nueva dimensión al ataque del equipo. En el Madrid, Robben demostró ser un jugador clave, conocido por sus carreras vertiginosas, sus regates y su capacidad para marcar goles desde fuera del área, especialmente con su característico disparo con el pie izquierdo.

Impacto y Contribuciones

Durante su estancia en el Real Madrid, Robben ayudó al equipo a conquistar La Liga en la temporada 2007-2008. A pesar de las lesiones que limitaron su disponibilidad, cuando estaba en forma, Robben era una fuerza imparable en el campo, capaz de cambiar el curso de un partido con sus acciones individuales.

Carrera Internacional y Más Allá

A nivel internacional, Robben tuvo una distinguida carrera con la selección de los Países Bajos, destacándose especialmente en la Copa del Mundo de la FIFA 2010 en Sudáfrica, donde ayudó a su equipo a alcanzar la final. Tras su paso por el Real Madrid, Robben se unió al Bayern de Múnich, donde disfrutó de una de las etapas más exitosas de su carrera, ganando numerosos títulos de la Bundesliga y la Liga de Campeones de la UEFA.

Legado y Reconocimiento

El legado de Arjen Robben en el Real Madrid se caracteriza por su habilidad para desequilibrar defensas, su incansable ética de trabajo y su inolvidable pie izquierdo. Aunque su tiempo en el club fue relativamente breve, dejó una impresión duradera por su calidad y su compromiso en el campo.

Más Allá del Fútbol

Conocido por su humildad fuera del campo y su dedicación a la familia, Robben se retiró del fútbol profesional en 2021 después de una breve vuelta al FC Groningen, su club de la infancia. Su carrera es un testimonio de la dedicación, la resiliencia y el talento excepcional.

Arjen Robben es recordado por los aficionados del Real Madrid como un jugador cuya pasión y habilidad en el campo lo convirtieron en un favorito de la afición durante su estancia en el club. Su impacto en el fútbol mundial y su legado como uno de los extremos más emocionantes de su generación perdurarán en la memoria de los aficionados al fútbol.

Nicolas Anelka: El Enigma Francés

Orígenes y Carrera Temprana

Nicolas Anelka, nacido el 14 de marzo de 1979 en Le Chesnay, Francia, empezó su carrera profesional en el Paris Saint-Germain antes de llamar la atención internacional con el Arsenal FC en la Premier League. Su velocidad, técnica y habilidad frente al arco rápidamente lo establecieron como uno de los delanteros más prometedores de su generación.

Llegada al Real Madrid

En 1999, Anelka se unió al Real Madrid en una transferencia que generó grandes expectativas. Llegaba al club blanco con la reputación de ser un talento excepcional, capaz de cambiar el curso de los partidos con su habilidad goleadora y su capacidad para crear oportunidades de la nada.

Impacto y Contribuciones

La estancia de Anelka en el Real Madrid fue marcada por altibajos, con momentos de brillantez en el campo opacados por controversias fuera de él. Sin embargo, jugó un papel crucial en la conquista de la Liga de Campeones de la UEFA en el año 2000, marcando goles importantes en las etapas finales de la competición que ayudaron al equipo a asegurar su octavo título europeo.

Carrera Internacional y Más Allá

A nivel internacional, Anelka tuvo una carrera destacada con la selección francesa, participando en varias competiciones importantes, incluyendo Copas del Mundo y Eurocopas. A pesar de su indiscutible talento, su carrera internacional también estuvo marcada por momentos de controversia.

Tras su paso por el Real Madrid, Anelka jugó para varios clubes en Europa, incluyendo el Paris Saint-Germain, Liverpool FC, Manchester City, Fenerbahçe, Bolton Wanderers, Chelsea FC, entre otros, demostrando su calidad en diferentes ligas.

Legado y Reconocimiento

El legado de Nicolas Anelka en el Real Madrid es complejo, recordado tanto por su contribución al éxito europeo del club como por los desafíos fuera del campo. A pesar de las controversias, su talento en el campo es indiscutible, y su nombre permanece ligado a uno de los períodos más exitosos en la historia del club.

Más Allá del Fútbol

Retirado del fútbol profesional, Anelka ha explorado diversas facetas relacionadas con el deporte, incluyendo roles como entrenador y asesor. Su vida y carrera han sido objeto de análisis en documentales que destacan tanto sus logros deportivos como los desafíos personales que enfrentó.

Nicolas Anelka, el "Enigma Francés", es recordado en el Real Madrid por un legado de dualidad, marcado por momentos de pura genialidad en el campo y desafíos fuera de él. Su historia en el club es un reflejo de una carrera extraordinaria que combinó talento innato con momentos de controversia.

Antonio Cassano: El Talentoso Rebelde

Orígenes y Carrera Temprana

Antonio Cassano, nacido el 12 de julio de 1982 en Bari, Italia, emergió del sistema juvenil del Bari antes de causar un gran impacto en la Serie A con la Roma. Su talento en el campo, caracterizado por su excelente técnica, visión de juego y habilidad para marcar goles, lo estableció rápidamente como uno de los jóvenes más prometedores del fútbol italiano.

Llegada al Real Madrid

En enero de 2006, Cassano se unió al Real Madrid, buscando llevar su carrera al siguiente nivel en uno de los clubes más grandes del mundo. Llegó al equipo con la reputación de ser un jugador talentoso pero temperamental, conocido tanto por su genialidad en el campo como por sus controversias fuera de él.

Impacto y Contribuciones

La estancia de Cassano en el Real Madrid estuvo marcada por destellos de su habilidad innata, demostrando ser un jugador capaz de momentos de pura magia con el balón. Sin embargo, su tiempo en el club también estuvo plagado de dificultades, incluidas disputas con el cuerpo técnico y problemas de disciplina, que limitaron su impacto y contribución al equipo.

Carrera Internacional y Más Allá

A nivel internacional, Cassano fue una figura recurrente en la selección italiana, participando en varias competiciones importantes y mostrando su calidad en el escenario internacional. Tras su paso por el Real Madrid, continuó su carrera en varios clubes italianos, incluyendo el AC Milan, Sampdoria y Parma, entre otros, siempre dejando huella con su indudable talento futbolístico.

Legado y Reconocimiento

El legado de Antonio Cassano en el Real Madrid es complejo; es recordado tanto por su indiscutible talento y los momentos de brillantez en el campo como por las oportunidades perdidas debido a sus desafíos fuera del campo. A pesar de esto, su carrera es testimonio del impacto que un jugador talentoso puede tener, incluso en circunstancias desafiantes.

Más Allá del Fútbol

Retirado del fútbol profesional, Cassano ha sido una figura mediática en Italia, compartiendo sus experiencias y opiniones sobre el fútbol actual. Su personalidad carismática y su pasión por el juego continúan resonando con los aficionados.

Antonio Cassano, el "Talentoso Rebelde", dejó una marca indeleble en el Real Madrid con su habilidad técnica y momentos de genialidad en el campo. Su carrera en el club refleja la dualidad de un jugador cuyo inmenso talento estuvo acompañado de retos personales, marcando su paso por el fútbol de élite.

Javier Saviola: El Conejo Ágil

Orígenes y Carrera Temprana

Javier Pedro Saviola Fernández, más conocido como Javier Saviola o simplemente "El Conejo", nació el 11 de diciembre de 1981 en Buenos Aires, Argentina. Emergió como una sensación en el fútbol argentino con River Plate, donde su notable habilidad goleadora, velocidad y agilidad lo catapultaron a la fama desde muy joven. Su talento lo llevó a Europa, donde se unió al FC Barcelona y se estableció como uno de los delanteros más prometedores de su generación.

Llegada al Real Madrid

En el verano de 2007, Saviola hizo el sorprendente cambio del Barcelona al eterno rival, el Real Madrid. Su llegada al club blanco generó expectativas sobre cómo se adaptaría al equipo y qué podría aportar con su conocida habilidad para encontrar el fondo de la red y su inteligencia en el campo.

Impacto y Contribuciones

Durante su estancia en el Real Madrid, Saviola demostró ser un jugador versátil, capaz de desempeñarse en diferentes posiciones de ataque. Aunque no siempre fue titular indiscutible, su capacidad para cambiar el ritmo de los partidos y su olfato goleador le permitieron contribuir al éxito del equipo, incluyendo la conquista de La Liga en la temporada 2007-2008.

Carrera Internacional y Más Allá

A nivel internacional, Saviola representó a Argentina en numerosas ocasiones, participando en Copa del Mundo y en varias ediciones de la Copa América. Tras su paso por el Real Madrid, continuó su carrera en clubes como Benfica, Málaga y Olympiacos, entre otros, antes de regresar a River Plate y finalmente retirarse en el fútbol andorrano.

Legado y Reconocimiento

El legado de Javier Saviola en el Real Madrid se caracteriza por su profesionalismo, su habilidad para adaptarse a distintas situaciones tácticas y su compromiso con el equipo. Aunque no alcanzó las cifras goleadoras de sus días en River Plate o Barcelona, es recordado con cariño por los aficionados por su esfuerzo y momentos de brillantez en el campo.

Más Allá del Fútbol

Tras colgar las botas, Saviola ha participado en diversos

proyectos relacionados con el fútbol, incluyendo roles como entrenador y comentarista. Su pasión por el deporte sigue siendo evidente, compartiendo su vasta experiencia con la próxima generación de futbolistas.

Javier Saviola, "El Conejo Ágil", dejó una huella en el Real Madrid con su tenacidad y su capacidad para crear oportunidades en el campo. A lo largo de su carrera, demostró ser un delantero astuto y técnico, cuya visión de juego y capacidad goleadora lo hicieron valioso para cada equipo en el que jugó.

James Rodríguez: El Mago Colombiano

Orígenes y Carrera Temprana

James David Rodríguez Rubio, conocido mundialmente como James Rodríguez, nació el 12 de julio de 1991 en Cúcuta, Colombia. Emergió como una estrella en el fútbol sudamericano con su club de inicio, Envigado, antes de hacerse un nombre en Banfield de Argentina y posteriormente en el FC Porto, donde su habilidad técnica, visión de juego y capacidad para marcar goles llamaron la atención de Europa.

Llegada al Real Madrid

Tras una impresionante actuación en la Copa del Mundo de la FIFA 2014 en Brasil, donde ganó la Bota de Oro como máximo goleador del torneo, James se unió al Real Madrid con grandes expectativas. Su fichaje fue parte de la ambición del club de contar con los mejores talentos del mundo, y llegó al equipo como una de las transferencias más emocionantes del verano de 2014.

Impacto y Contribuciones

En el Real Madrid, James rápidamente demostró su valía, convirtiéndose en un elemento clave del equipo con su creatividad, habilidad para ejecutar tiros libres y golazos desde fuera del área. Durante su primera temporada, contribuyó significativamente al equipo en diversas competiciones, dejando momentos memorables con sus asistencias y goles espectaculares.

Carrera Internacional y Más Allá

A nivel internacional, James ha sido una figura icónica para la selección colombiana, liderando al equipo en varias ediciones de la Copa del Mundo y la Copa América. Tras su paso por el Real Madrid, James ha jugado en el Bayern de Múnich, el Everton FC y se unió al Al-Rayyan en Qatar, continuando su carrera en diferentes ligas alrededor del mundo.

Legado y Reconocimiento

El legado de James en el Real Madrid se caracteriza por su magia en el campo, su capacidad para transformar partidos con momentos de genialidad y su contribución a los títulos ganados durante su estancia, incluidas dos Ligas de Campeones de la UEFA. Aunque su tiempo en el club tuvo altibajos, James es recordado por los momentos en que su talento brilló en uno de los escenarios más grandes del fútbol.

Más Allá del Fútbol

Conocido por su carisma fuera del campo y su influencia como uno de los deportistas más reconocidos de Colombia, James ha utilizado su plataforma para participar en iniciativas benéficas y promover el fútbol entre los jóvenes. Su trayectoria continúa inspirando a futuras generaciones en Colombia y más allá.

James Rodríguez, el "Mago Colombiano", dejó una marca indeleble en el Real Madrid con su estilo de juego único y su capacidad para encender la imaginación de los aficionados. Su paso por el club es recordado por la calidad de su fútbol y los momentos mágicos que regaló a los seguidores del equipo blanco.

Toni Kroos: El Metrónomo Alemán

Orígenes y Carrera Temprana

Toni Kroos, nacido el 4 de enero de 1990 en Greifswald, Alemania Oriental, comenzó su carrera en el Greifswalder SC antes de unirse a las juveniles del Bayern de Múnich. Su habilidad para controlar el ritmo del juego, precisión en el pase y visión de juego lo destacaron rápidamente como uno de los mediocampistas más prometedores de Alemania.

Llegada al Real Madrid

En 2014, después de una impresionante actuación con Alemania en la Copa del Mundo de la FIFA en Brasil, donde su selección ganó el torneo, Kroos se unió al Real Madrid. Su fichaje fue parte de la estrategia del club para reforzar el centro del campo con jugadores de clase mundial capaces de dominar tanto en la Liga española como en la competencia europea.

Impacto y Contribuciones

Desde su llegada, Kroos se ha establecido como uno de los mediocampistas más consistentes y confiables del mundo. En el Real Madrid, ha sido fundamental en la conquista de tres Ligas de Campeones de la UEFA consecutivas (2016, 2017, 2018), entre otros títulos. Su capacidad para dictar el ritmo del juego, su excepcional rango de pase y su amenaza desde la distancia lo han hecho indispensable para el equipo.

Carrera Internacional

A nivel internacional, Kroos ha sido un pilar para la selección alemana, participando en varias Copas del Mundo y Eurocopas. Su precisión, inteligencia táctica y resistencia lo han convertido en uno de los centrocampistas más respetados en el fútbol internacional.

Legado y Reconocimiento

El legado de Toni Kroos en el Real Madrid se caracteriza por su increíble consistencia, profesionalismo y la habilidad para realizar jugadas clave en momentos cruciales. Es ampliamente reconocido por su capacidad para mantener la calma bajo presión y por su influencia en el campo, siendo una figura central en el éxito reciente del club.

Más Allá del Fútbol

Fuera del campo, Kroos es conocido por su compromiso con causas benéficas a través de su fundación, la Toni

Kroos Stiftung, que apoya a niños y familias en situaciones difíciles. Su personalidad tranquila y su enfoque metódico del juego y de la vida lo han convertido en un modelo a seguir para jóvenes futbolistas.

Toni Kroos, el "Metrónomo Alemán", continúa siendo una pieza clave en el esquema del Real Madrid, demostrando que la inteligencia y la precisión en el mediocampo son vitales para el éxito en el fútbol moderno. Su impacto en el club y su legado como uno de los mediocampistas más completos de su generación están asegurados.

Daniel Carvajal: El Motor de la Banda Derecha

Orígenes y Carrera Temprana

Daniel Carvajal Ramos, nacido el 11 de enero de 1992 en Leganés, España, es un producto genuino de La Fábrica, el sistema juvenil del Real Madrid. Tras destacar en las categorías inferiores del club, fue transferido al Bayer Leverkusen en 2012, donde su rendimiento excepcional como lateral derecho no pasó desapercibido.

Regreso al Real Madrid

Su éxito en Alemania llevó al Real Madrid a ejercer la opción de recompra en 2013, devolviendo a Carvajal al Santiago Bernabéu. Desde su retorno, se ha consolidado como uno de los mejores laterales derechos del mundo, conocido por su incansable energía, capacidad defensiva y aportaciones ofensivas.

Impacto y Contribuciones

Carvajal se ha convertido en un pilar para el Real Madrid, participando activamente en la conquista de múltiples títulos, incluidas cuatro Ligas de Campeones de la UEFA. Su habilidad para realizar recorridos largos por la banda, combinada con su precisión en los centros y su compromiso defensivo, ha sido crucial para el equipo tanto en competiciones nacionales como internacionales.

Carrera Internacional

A nivel internacional, Carvajal ha representado a España en varias competiciones importantes, incluidas la Copa del Mundo de la FIFA y la Eurocopa. Su presencia en el equipo nacional subraya su calidad y la confianza que los entrenadores depositan en su capacidad.

Legado y Reconocimiento

El legado de Daniel Carvajal en el Real Madrid se caracteriza por su dedicación, resistencia y la calidad constante de sus actuaciones. Es ampliamente respetado por los aficionados y considerado como uno de los defensores más consistentes de su generación, cuya ética de trabajo y pasión por el juego le han ganado numerosos elogios.

Más Allá del Fútbol

Fuera del campo, Carvajal es conocido por su compromiso con diversas causas sociales y su cercanía con los aficionados. Su trayectoria en el Real Madrid es un testimonio del éxito que se puede alcanzar a través del trabajo duro y la perseverancia, sirviendo de inspiración para jóvenes futbolistas en todo el mundo.

Daniel Carvajal, el "Motor de la Banda Derecha", sigue siendo un elemento clave en la estructura del Real Madrid, demostrando temporada tras temporada su importancia en el esquema del equipo. Su evolución desde las categorías inferiores hasta convertirse en uno de los laterales derechos más destacados a nivel mundial es una historia de esfuerzo, dedicación y amor por el club.

Nacho Fernández: El Comodín Defensivo

Orígenes y Carrera Temprana

José Ignacio Fernández Iglesias, conocido simplemente como Nacho, nació el 18 de enero de 1990 en Madrid, España. Formado en La Fábrica, el sistema de cantera del Real Madrid, Nacho ha sido parte del club desde su infancia, demostrando una lealtad y un compromiso inquebrantables hacia los colores blancos.

Ascenso al Primer Equipo

Nacho hizo su debut con el primer equipo del Real Madrid en 2011 y desde entonces ha sido un elemento constante en la defensa. Su capacidad para desempeñarse en cualquier posición defensiva ya sea como lateral derecho, lateral izquierdo o central, lo ha convertido en un jugador invaluable para el equipo a lo largo de los años.

Impacto y Contribuciones

A lo largo de su carrera en el Real Madrid, Nacho ha destacado por su versatilidad, fiabilidad y compromiso. Ha jugado un papel clave en el éxito del equipo, contribuyendo a la conquista de múltiples títulos, incluidas varias Ligas de Campeones de la UEFA. Su habilidad para adaptarse a diferentes roles y situaciones lo ha hecho indispensable, especialmente en momentos de lesiones o sanciones de otros defensores.

Carrera Internacional

A nivel internacional, Nacho ha representado a España, aportando su solidez defensiva y experiencia al equipo nacional. Su versatilidad también ha sido un activo valioso para la selección española en diversas competiciones.

Legado y Reconocimiento

El legado de Nacho en el Real Madrid se caracteriza por su profesionalismo, dedicación y la habilidad para siempre estar listo cuando se le necesita. A menudo descrito como el "comodín defensivo" del equipo, su contribución va más allá de las estadísticas, siendo un ejemplo de lealtad y trabajo duro.

Más Allá del Fútbol

Fuera del campo, Nacho es conocido por su compromiso con la comunidad, participando en diversas iniciativas benéficas y siendo un modelo a seguir para los jóvenes aficionados y futbolistas. Su historia en el Real Madrid es un testimonio del valor de la constancia, la polivalencia y la fidelidad a un club.

Nacho Fernández, con su capacidad para desempeñarse eficazmente en múltiples posiciones defensivas, ha demostrado ser uno de los activos más valiosos del Real Madrid. Su carrera en el club es un ejemplo brillante de cómo la versatilidad y el compromiso inquebrantable pueden forjar un legado duradero en el fútbol de élite.

Lucas Vázquez: El Versátil Guerrero Merengue

Orígenes y Trayectoria

Lucas Vázquez Iglesias, nacido el 1 de julio de 1991 en Curtis, La Coruña, España, es un producto puro de La Fábrica, el sistema de cantera del Real Madrid. Tras demostrar su valía en el Real Madrid Castilla, fue cedido al RCD Espanyol para la temporada 2014-2015, donde su impresionante rendimiento en La Liga aseguró su regreso al Real Madrid.

Impacto en el Real Madrid

Desde su reincorporación al primer equipo del Real Madrid en 2015, Lucas Vázquez ha demostrado ser un jugador extremadamente versátil y confiable. Capaz de desempeñarse tanto en la banda derecha como en posiciones más defensivas, su compromiso, velocidad y capacidad para entregar centros precisos han sido vitales en el esquema táctico del equipo.

Contribuciones Clave

Lucas ha jugado un papel fundamental en el éxito del equipo en los últimos años, contribuyendo a la conquista de múltiples títulos de la Liga de Campeones de la UEFA, La Liga, la Supercopa de España, y más. Su capacidad para actuar bajo presión y su entrega en cada partido lo han convertido en uno de los favoritos entre los aficionados y los entrenadores por igual.

Carrera Internacional

A nivel internacional, Vázquez ha sido convocado para representar a España, donde ha llevado su compromiso y versatilidad al equipo nacional, participando en competiciones importantes y aportando su habilidad para adaptarse a diferentes roles tácticos.

Legado y Reconocimiento

El legado de Lucas Vázquez en el Real Madrid se define por su polivalencia, su inquebrantable ética de trabajo y su lealtad al club. A menudo elogiado por su capacidad para contribuir en múltiples facetas del juego, Lucas es visto como un ejemplo de dedicación y profesionalismo.

Más Allá del Fútbol

Fuera del campo, Lucas es conocido por su carácter afable y su compromiso con causas benéficas. Su historia de perseverancia, desde las categorías inferiores del club hasta convertirse en un miembro indispensable del primer equipo, sirve de inspiración para jóvenes futbolistas en todo el mundo.

Lucas Vázquez, con su versatilidad y espíritu de lucha, sigue siendo un valioso activo para el Real Madrid. Su capacidad para adaptarse y destacar en diferentes posiciones en el campo subraya su importancia en la dinámica del equipo, demostrando que la versatilidad y el compromiso incondicional son cualidades esenciales para el éxito en el más alto nivel del fútbol.

Mariano Díaz: La Determinación Hecha Delantero

Orígenes y Carrera Temprana

Mariano Díaz Mejía, conocido simplemente como Mariano, nació el 1 de agosto de 1993 en Premià de Mar, Barcelona, España, de padre dominicano y madre española. Comenzó su carrera en las divisiones inferiores de varios clubes antes de unirse al Real Madrid C en 2012, ascendiendo rápidamente a través de las filas hasta llegar al Castilla y posteriormente al primer equipo.

Primera Etapa en el Real Madrid

Mariano debutó con el primer equipo del Real Madrid en 2016, donde sus actuaciones destacaron por su potencia física, habilidad goleadora y una notable determinación en el campo. A pesar de las limitadas oportunidades, demostró ser un delantero eficaz, marcando en varias competiciones.

Transición y Regreso

Tras una temporada 2016-2017 en la que mostró destellos de su capacidad, Mariano fue transferido al Olympique de Lyon, donde explotó como goleador, demostrando una excelente forma que llevó al Real Madrid a ejercer su opción de recompra en 2018, trayéndolo de vuelta al Santiago Bernabéu.

Impacto y Contribuciones en el Regreso

En su regreso, Mariano heredó el icónico número '7' del club, cargando con el peso de las expectativas. Aunque ha enfrentado la competencia de algunos de los delanteros más talentosos del mundo y ha luchado con lesiones, ha tenido momentos destacados que recuerdan a los aficionados su capacidad para cambiar el curso de un partido con su tenacidad y habilidad goleadora.

Carrera Internacional

Eligible para representar tanto a España como a la República Dominicana, Mariano finalmente optó por jugar con la selección dominicana, haciendo su debut internacional en 2013. Su carrera internacional ha sido limitada, pero su decisión subraya su orgullo por su herencia y deseo de contribuir al fútbol en la República Dominicana.

Legado y Reconocimiento

Aunque la carrera de Mariano en el Real Madrid ha sido de altibajos, es admirado por su ética de trabajo, su actitud positiva frente a los desafíos y su capacidad para aprovechar las oportunidades cuando se presentan. Su historia es una de perseverancia y dedicación al deporte que ama.

Más Allá del Fútbol

Fuera del campo, Mariano es conocido por su compromiso con iniciativas de caridad y su personalidad humilde. A pesar de las adversidades, ha mantenido un enfoque profesional, trabajando duro para contribuir al equipo siempre que se le necesita.

Mariano Díaz representa la determinación y el compromiso inquebrantable con su club y su carrera. Aunque no siempre ha sido la primera opción en el ataque, su historia en el Real Madrid es testimonio del valor de nunca rendirse y de luchar por cada oportunidad.

José Miguel González "Míchel"

Orígenes y Carrera Temprana

José Miguel González Martín del Campo, conocido popularmente como Míchel, nació el 23 de marzo de 1963 en Madrid, España. Surgió de la cantera del Real Madrid, La Fábrica, y pronto se estableció como un talentoso centrocampista en el Castilla antes de dar el salto al primer equipo. Su técnica, visión de juego y habilidad para ejecutar pases precisos y tiros a larga distancia lo distinguieron rápidamente.

Trayectoria en el Real Madrid

Míchel se convirtió en una figura clave del Real Madrid durante la década de los 80 y principios de los 90, formando parte de la famosa "Quinta del Buitre". Durante su tiempo en el club, ganó numerosos títulos, incluyendo varias Ligas españolas y Copas del Rey, dejando una marca indeleble en la historia del equipo con su juego creativo y goles memorables.

Impacto y Contribuciones

Conocido por su capacidad para controlar el ritmo del juego y su excepcional calidad en las jugadas a balón parado, Míchel fue un pilar en el mediocampo del Real Madrid. Su asociación con otros miembros de la "Quinta del Buitre" y su entendimiento en el campo impulsaron al Real Madrid a alcanzar grandes éxitos tanto a nivel nacional como internacional.

Carrera Internacional

En la selección española, Míchel también dejó su huella, participando en varias competiciones importantes, incluidas Copas del Mundo de la FIFA y Eurocopas. Sus actuaciones con el equipo nacional reflejaron su calidad y liderazgo en el campo.

Legado y Reconocimiento

El legado de Míchel en el Real Madrid se caracteriza por su maestría técnica, su compromiso inquebrantable y su contribución a uno de los períodos más exitosos del club. Tras retirarse como jugador, Míchel ha tenido una carrera notable como entrenador, dirigiendo a varios equipos en España y en el extranjero, aplicando la misma pasión y entendimiento del juego que mostró como jugador.

Más Allá del Fútbol

Míchel es respetado no solo por sus logros en el campo, sino también por su inteligencia y su capacidad para analizar el fútbol. Como comentarista y analista, ha compartido su amplio conocimiento del deporte, ganándose el respeto de aficionados y profesionales por igual.

José Miguel González "Míchel" es recordado como uno de los centrocampistas más talentosos y emblemáticos del Real Madrid y del fútbol español. Su carrera destaca por la elegancia en su juego, su liderazgo en el campo y su inestimable contribución a la historia de su club y su país.

Martin Vázquez: El Elegante Centrocampista

Orígenes y Carrera Temprana

Rafael Martín Vázquez, nacido el 25 de septiembre de 1965 en Madrid, España, es un producto distinguido de la cantera del Real Madrid. Desde sus inicios, demostró ser un centrocampista de gran talento, dotado de una técnica exquisita, una visión de juego excepcional y una capacidad notable para marcar goles desde la media distancia.

Ascenso al Primer Equipo

Martín Vázquez se incorporó al primer equipo del Real Madrid a mediados de los años 80, convirtiéndose en una pieza central del equipo durante una de las épocas más fructíferas del club. Su elegancia en el campo, junto con su habilidad para tejer el juego y su compromiso defensivo, lo establecieron rápidamente como uno de los centrocampistas más completos de su generación.

Impacto y Contribuciones

A lo largo de su carrera en el Real Madrid, Martín Vázquez ayudó al equipo a conquistar múltiples títulos de La Liga, Copas del Rey y dos Copas de la UEFA. Fue una parte integral de la famosa "Quinta del Buitre", un grupo de jugadores canteranos del Real Madrid que dominaron el fútbol español en la década de 1980.

Carrera Internacional y Más Allá

En la escena internacional, Martín Vázquez representó a España, participando en la Eurocopa de 1988 y en la Copa del Mundo de la FIFA 1990, donde su calidad técnica y su inteligencia táctica brillaron en el escenario mundial. Tras su etapa en el Real Madrid, tuvo períodos en clubes como el Torino en Italia y el Deportivo La Coruña en España, antes de colgar las botas.

Legado y Reconocimiento

El legado de Martín Vázquez en el Real Madrid y en el fútbol español es el de un jugador que personificaba la elegancia y la inteligencia en el campo. Es recordado como uno de los centrocampistas más técnicamente dotados de su época, cuya contribución al juego trasciende las estadísticas y los títulos.

Más Allá del Fútbol

Tras retirarse del fútbol activo, Martín Vázquez ha seguido vinculado al deporte, trabajando en diversas capacidades, incluido el entrenamiento y la dirección deportiva. Su comprensión profunda del fútbol y su enfoque metódico hacia el juego han influenciado a generaciones de jugadores y aficionados.

Rafael Martín Vázquez sigue siendo un icono del Real Madrid y del fútbol español, admirado por su clase, su contribución a uno de los equipos más exitosos de la historia del club y su legado como uno de los centrocampistas más elegantes que ha visto el fútbol.

Iván Helguera: El Baluarte Defensivo

Orígenes y Carrera Temprana

Iván Helguera Bujía, nacido el 28 de marzo de 1975 en Santander, Cantabria, España, inició su carrera en el fútbol español con el Racing de Santander, donde su solidez defensiva y capacidad para organizar el juego desde atrás pronto llamaron la atención. Tras un exitoso paso por el Espanyol y luego por la Serie A con la Roma, Helguera se unió al Real Madrid en 1999.

Trayectoria en el Real Madrid

Durante su estancia en el Real Madrid, Iván Helguera se convirtió en un pilar fundamental de la defensa y ocasionalmente del mediocampo, destacándose por su versatilidad, inteligencia táctica y habilidad en el juego aéreo. Su capacidad para adaptarse a distintas posiciones en el campo lo hizo invaluable para el equipo.

Impacto y Contribuciones

Helguera jugó un papel clave en una de las épocas más exitosas del Real Madrid, contribuyendo a la conquista de múltiples Ligas de Campeones de la UEFA, títulos de La Liga, y otros trofeos. Fue especialmente reconocido por su liderazgo en el campo, su compromiso en cada partido y su capacidad para marcar goles importantes, a pesar de su posición defensiva.

Carrera Internacional

A nivel internacional, Helguera representó a España, aportando su experiencia y solidez a la selección nacional en competiciones como la Eurocopa y la Copa del Mundo de la FIFA, donde su rendimiento fue consistentemente alto.

Legado y Reconocimiento

El legado de Iván Helguera en el Real Madrid se caracteriza por su fiabilidad, su capacidad para actuar en momentos cruciales y su contribución a mantener la fortaleza defensiva del equipo. Es recordado como uno de los defensores más inteligentes y técnicamente dotados de su generación.

Más Allá del Fútbol

Tras retirarse del fútbol activo, Helguera se ha mantenido vinculado al mundo del deporte, participando en actividades relacionadas con el fútbol y compartiendo su vasta experiencia y conocimientos a través de diferentes plataformas y eventos.

Iván Helguera, con su destacada carrera en el Real Madrid, dejó una huella imborrable como uno de los baluartes defensivos más destacados del club. Su versatilidad, liderazgo y compromiso lo convierten en un modelo a seguir y un referente en la historia reciente del fútbol español.

Fernando Morientes: El Águila de Cáceres

Orígenes y Carrera Temprana

Fernando Morientes Sánchez, conocido cariñosamente como "El Moro", nació el 5 de abril de 1976 en Cáceres, España. Inició su carrera profesional en el Albacete Balompié, donde su prolífica habilidad goleadora pronto llamó la atención de los grandes clubes españoles. Tras un impresionante paso por el Zaragoza, Morientes se unió al Real Madrid en 1997.

Trayectoria en el Real Madrid

En el Real Madrid, Morientes se estableció rápidamente como uno de los delanteros más temidos de Europa. Su notable capacidad aérea, instinto goleador y habilidad para realizar jugadas claves lo convirtieron en una pieza fundamental del equipo. Formó parte de una era dorada para el club, contribuyendo a la conquista de tres Ligas de Campeones de la UEFA y dos títulos de La Liga, entre otros trofeos.

Impacto y Contribuciones

Morientes destacó por su juego aéreo, su capacidad para conectar con sus compañeros en el ataque y su frialdad frente al arco. Fue especialmente recordado por sus actuaciones en las competiciones europeas, donde su capacidad para anotar goles en momentos cruciales jugó un papel vital en el éxito del equipo.

Carrera Internacional y Más Allá

A nivel internacional, Morientes representó a España en varias competiciones importantes, incluidas la Eurocopa y la Copa del Mundo de la FIFA, aportando su talento goleador a la selección. Tras su etapa en el Real Madrid, continuó su carrera en clubes como el Liverpool, el Mónaco y el Valencia, demostrando su calidad en diferentes ligas.

Legado y Reconocimiento

El legado de Fernando Morientes en el Real Madrid se caracteriza por su dedicación, su capacidad para ser decisivo en los momentos importantes y su contribución a uno de los períodos más exitosos del club. Es recordado como uno de los delanteros más completos y respetados de su generación.

Más Allá del Fútbol

Tras colgar las botas, Morientes ha seguido vinculado al

mundo del fútbol, trabajando como entrenador, comentarista y analista, compartiendo su amplio conocimiento y experiencia en el deporte rey.

Fernando Morientes, "El Águila de Cáceres", dejó una huella imborrable en el Real Madrid y en el fútbol español con su elegancia en el campo, su letalidad frente al arco y su espíritu de lucha. Su carrera es un testimonio del espíritu y la pasión que caracterizan a los grandes delanteros del fútbol mundial.

Rafael Gordillo: El Lateral Legendario

Orígenes y Carrera Temprana

Rafael Gordillo Vázquez, nacido el 24 de febrero de 1957 en Almendralejo, España, es ampliamente reconocido por su carrera en el Real Betis y el Real Madrid. Comenzando su carrera profesional en el Betis, Gordillo se destacó por su velocidad, resistencia y habilidad para realizar centros precisos desde la banda izquierda.

Trayectoria en el Real Madrid

Gordillo se unió al Real Madrid en 1985, donde continuó su legado como uno de los mejores laterales izquierdos de su época. En el Madrid, su capacidad para apoyar el ataque sin descuidar sus responsabilidades defensivas lo convirtió en un jugador invaluable.

Impacto y Contribuciones

Durante su estancia en el Real Madrid, Gordillo ayudó al equipo a conquistar múltiples títulos de La Liga y Copas del Rey. Su estilo de juego agresivo y su capacidad para recuperar balones y asistir en el ataque lo hicieron un favorito entre los aficionados.

Carrera Internacional

A nivel internacional, Gordillo fue un pilar para la selección española, participando en varias Copas del Mundo de la FIFA y Eurocopas. Su presencia en el campo fue sinónimo de compromiso y calidad, representando a su país con distinción.

Legado y Reconocimiento

El legado de Rafael Gordillo en el fútbol español se define por su extraordinaria carrera como lateral izquierdo, siendo recordado tanto por su impacto en el Real Betis como en el Real Madrid. Su contribución al fútbol lo establece como uno de los defensores más talentosos y respetados de su generación.

Más Allá del Fútbol

Después de retirarse del fútbol activo, Gordillo ha permanecido vinculado al deporte, contribuyendo su experiencia y liderazgo en diferentes capacidades, especialmente en roles directivos y de formación.

Rafael Gordillo es una figura emblemática en la historia del Real Madrid, recordado por su dedicación, habilidad defensiva y contribuciones ofensivas desde la banda izquierda. Su carrera es testimonio del impacto que un defensor de su calibre puede tener en el éxito de un equipo.

Manolo Sanchís: El Guardián Perpetuo del Real Madrid

Orígenes y Carrera Temprana

Manuel Sanchís Hontiyuelo, conocido como Manolo Sanchís, nacido el 23 de mayo de 1965 en Madrid, España, es hijo de Manuel Sanchís Martínez, quien también fue futbolista profesional y leyenda del Real Madrid. Creciendo en un ambiente lleno de fútbol, Sanchís Jr. rápidamente siguió los pasos de su padre, destacándose en las categorías inferiores del Real Madrid antes de hacer su debut con el primer equipo.

Trayectoria en el Real Madrid

Sanchís pasó toda su carrera en el Real Madrid, desde 1983 hasta su retiro en 2001, convirtiéndose en uno de los pocos jugadores en la historia del club en hacerlo. Como defensa central y ocasionalmente como lateral, se destacó por su liderazgo, inteligencia táctica y compromiso inquebrantable en el campo.

Impacto y Contribuciones

A lo largo de sus 18 años en el club, Sanchís fue una pieza central de equipos que conquistaron numerosos títulos, incluidas 8 Ligas españolas y 2 Copas de Europa. Fue parte integral de la defensa del Real Madrid, conocido por su habilidad para leer el juego y su destreza en el corte de balón. Su presencia en el campo inspiraba confianza tanto en sus compañeros de equipo como en los aficionados.

Carrera Internacional

Sanchís también tuvo una carrera internacional destacada con España, representando a su país en varias competiciones importantes, incluidas la Eurocopa y la Copa del Mundo de la FIFA. Aunque España no logró grandes éxitos en su época, su contribución al equipo nacional fue significativa.

Legado y Reconocimiento

El legado de Manolo Sanchís en el Real Madrid y en el fútbol español es inmenso. Como uno de los jugadores más leales y consistentes del club, su nombre está grabado en la historia del Real Madrid como un verdadero símbolo de dedicación y excelencia deportiva. Sanchís es ampliamente reconocido no solo por sus logros en el campo sino también por su conducta profesional y su carácter.

Más Allá del Fútbol

Tras su retiro, Sanchís ha seguido vinculado al mundo del

fútbol, trabajando como comentarista deportivo y participando en diversos proyectos relacionados con el deporte. Su visión y análisis del juego siguen siendo respetados en el ámbito futbolístico.

Manolo Sanchís, a través de su larga y distinguida carrera, personifica lo que significa ser un jugador del Real Madrid: compromiso, lealtad y excelencia. Su impacto en el club trasciende generaciones, dejando un legado que será recordado por aficionados y futuros futbolistas por igual.

Epílogo: El Legado del Real Madrid

El Real Madrid, a través de las décadas, ha sido más que un club de fútbol; se ha convertido en un símbolo de excelencia, tradición y pasión que trasciende fronteras y culturas. Las páginas anteriores han servido como un recorrido por las vidas y carreras de aquellos jugadores que no solo han dejado su huella en el césped del Santiago Bernabéu, sino que también han marcado los corazones de millones de aficionados alrededor del mundo.

Cada capítulo, dedicado a una leyenda merengue, revela una historia única de lucha, gloria y compromiso inquebrantable con el escudo del Real Madrid. Estos relatos colectivos, tejidos a lo largo de generaciones, nos recuerdan que el éxito del club no radica únicamente en los trofeos ganados o en los récords establecidos, sino en el espíritu de superación, el coraje y la unidad que cada jugador ha aportado al equipo.

La historia del Real Madrid es rica y multifacética, contada no solo a través de sus victorias, sino también de sus desafíos. Desde los humildes comienzos hasta convertirse en uno de los clubes más laureados del mundo, el Real Madrid ha sido un testigo y protagonista de la evolución del fútbol moderno. La herencia de cada jugador mencionado en este libro es un eslabón en la cadena de este legado inmortal.

La historia del Real Madrid se ha construido sobre fundamentos sólidos de dedicación, talento y una incansable búsqueda de la excelencia. A medida que avanzamos a través de los capítulos dedicados a sus jugadores más emblemáticos, se hace evidente que la grandeza del club no es un producto del azar, sino el resultado de una cultura profundamente arraigada en la identidad merengue.

Cada jugador, con su estilo único, personalidad y contribuciones, ha aportado un capítulo esencial a la narrativa del Real Madrid. Desde la magia en el mediocampo hasta la solidez defensiva, pasando por la precisión goleadora, estos jugadores han sido los arquitectos de momentos que han quedado grabados en la eternidad. Sus historias personales de superación, adaptación y éxito reflejan las raíces de la grandeza que caracteriza al club.

La influencia del Real Madrid en el fútbol mundial es indiscutible, estableciendo estándares de lo que significa competir y perseverar al más alto nivel. La herencia dejada por estas leyendas no solo reside en las vitrinas repletas de trofeos, sino también en el impacto que han tenido en futuras generaciones de jugadores y aficionados, enseñando que la verdadera victoria radica en la pasión, el respeto y el compromiso con sus colores.

72 Leyendas del Real Madrid

Miguel Ángel Segura

En el corazón del Real Madrid yace un conjunto de valores intangibles que han guiado al club a través de su rica historia. La trascendencia de estos valores se refleja en cada jugador que ha vestido la camiseta blanca, y cuyas historias hemos explorado en los capítulos anteriores. Es este legado de respeto, humildad, trabajo en equipo y, sobre todo, una inquebrantable ambición de superación lo que ha cimentado el estatus legendario del club.

La narrativa del Real Madrid no se limita a las glorias alcanzadas en el campo de juego; se extiende a la influencia que el club y sus jugadores han tenido fuera de él. Los aficionados de todas partes del mundo no solo admiran las habilidades futbolísticas y los triunfos, sino también el carácter y la perseverancia de aquellos que han luchado por sus sueños bajo el escudo merengue. Cada jugador, con su dedicación y pasión, ha enseñado lecciones valiosas sobre lo que significa formar parte de algo más grande que uno mismo.

Esta parte de nuestro epílogo busca resaltar cómo los valores del Real Madrid han trascendido generaciones, uniendo a jugadores y aficionados en una familia global. La historia del club es un recordatorio de que, aunque las tácticas, los entrenadores y los jugadores puedan cambiar, los principios fundamentales sobre los que se construye el éxito permanecen constantes. Estos valores son el verdadero legado del Real Madrid, una herencia que cada nuevo miembro de la familia merengue lleva consigo, perpetuando la grandeza del club dentro y fuera del campo.

El impacto del Real Madrid trasciende ampliamente los logros deportivos y los trofeos. A través de las historias de sus jugadores, hemos vislumbrado cómo el club se ha convertido en un fenómeno cultural y social que influye en comunidades alrededor del mundo. La camiseta blanca del Real Madrid no solo simboliza la excelencia en el fútbol, sino también un espíritu de unidad y esperanza para millones de personas.

La influencia de los jugadores extendida en este libro va más allá de sus actuaciones en el terreno de juego. Muchos de ellos han aprovechado su plataforma para fomentar el cambio social, participar en obras benéficas y ser embajadores de causas que mejoran la vida de los menos afortunados. El Real Madrid, como institución, ha liderado iniciativas que reflejan un compromiso profundo con la responsabilidad social, demostrando que el fútbol puede ser una fuerza poderosa para el bien.

Esta cuarta parte del epílogo destaca la contribución del Real Madrid y sus jugadores a la sociedad, recordando a los aficionados y al mundo que la grandeza de un club también se mide por el impacto positivo que tiene en las vidas de las personas. Las actividades fuera del campo, las fundaciones benéficas y los proyectos comunitarios liderados por el club y sus jugadores son tan parte de su legado como los momentos históricos vividos en el césped del Santiago Bernabéu.

Así, el Real Madrid se erige no solo como un club de fútbol, sino como un símbolo de solidaridad, inclusión y compromiso con el progreso de la sociedad. La historia del club es un recordatorio poderoso de cómo el deporte, en su expresión más elevada, puede unir a las personas, inspirar cambio y fomentar una comunidad global basada en valores compartidos.

Mirando hacia el futuro, el Real Madrid se encuentra en la cúspide de un nuevo capítulo, uno que se construirá sobre las historias de grandeza relatadas en este libro. Las generaciones de jugadores que han adornado el césped del Santiago Bernabéu han establecido un estándar de excelencia y pasión que continuará inspirando a futuros talentos. Mientras el club avanza, lleva consigo un legado inigualable de triunfo y resiliencia, un faro para aquellos que aspiran a formar parte de su rica historia.

El futuro del Real Madrid promete ser tan brillante como su pasado. Con una cantera siempre floreciente y una filosofía que equilibra la tradición con la innovación, el club está preparado para enfrentar los desafíos de un mundo futbolístico en constante evolución. La promesa de descubrir y nutrir a la próxima generación de leyendas, combinada con el compromiso de mantener los valores que lo han definido, asegura que el espíritu del Real Madrid perdure.

En esta era de rápidos cambios tecnológicos y sociales, el Real Madrid también se encuentra a la vanguardia de la adaptación, utilizando nuevas plataformas para conectarse con una base global de aficionados y explorando maneras de mejorar el juego a través de innovaciones en ciencia deportiva y tácticas. Sin embargo, en el corazón de todas estas iniciativas está el deseo de continuar la tradición de excelencia que ha sido su sello distintivo.

Este epílogo cierra con una mirada hacia adelante, reconociendo que cada partido, cada temporada y cada jugador que se une al club contribuye a una narrativa en constante expansión. La historia del Real Madrid no se trata solo de lo que ha sido logrado, sino de lo que está por venir. Los aficionados, jugadores, entrenadores y directivos del club miran hacia el futuro con optimismo, sabiendo que el legado del Real Madrid es una historia viva, siempre en proceso de escritura, con cada nuevo capítulo esperando ser contado.

El Real Madrid continúa no solo como un club de fútbol, sino como un símbolo de aspiración, determinación y unidad global. La saga merengue avanza, prometiendo más momentos de alegría, pasión y gloria futbolística, manteniendo siempre vivos los sueños de generaciones pasadas, presentes y futuras.

Índice

Printed in Dunstable, United Kingdom

63778961R00137